U0046551

生命，
因家庭而大好！

엄마의 소통력 공부

語言治療師的兒童溝通課

從對話×遊戲培育孩子的表達力、人際關係和社會性發展

玄眞妸 현진아——著
李煥然——譯

前言

培養社會性發展，永遠不嫌晚！

我們通常認為，社會性發展是隨著年齡增長自然成熟的，但其實並非如此。必須透過日常中的小小機會與經驗，讓孩子們逐漸學習和掌握社會性。

我拾起養育過程中的拼圖碎片，回顧那些讓孩子錯失學習機會的寶貴瞬間，也匯集「要是當時明白這一點的話，就不會白白浪費大好時機了」的遺憾，並附上我身為語言治療師與母親角色的知識與經驗，呈現名為社會性的故事寶庫，最終完成了這本書。

如果有父母跟我以前一樣，也錯過了生活裡的微小時刻，希望各位能以這本書為契機，意識到日常中擁有的所有可能；只要抓住每個微小的瞬間，就可以為孩子的發展和社會性帶來助益。

我是為了幫助老公不便的語言能力，而開始學習語言治療的。因此，本書承載的內容，除了在學校透過理論學到的東西，更多的是我與另一半生活時獲得的感悟，以及根據養育孩子過程中實際體會的經驗。我回顧了過去教養孩子的莽撞記憶，以及自己小時候由於社會性不足而飽受痛苦的心情，重新感受到語言、社會性深厚的關聯性，希望向更多人傳遞「語言與社會性必須共同成長」這份體悟。

社會性是為孩子人生導航的指南針，無論再怎麼重視都不為過。孩子社會性的基礎，會從父母的言語中萌芽，當父母採取得體、適性的溝通方式，就能在「好好說話」這個堅實的根基上，建立起孩子的品格、社會性。

此外，改變了言語，親子關係也會發生變化。要是你覺得與孩子溝通不足，只需要與孩子「補足關係」就可以了，此時的主體應該是「父母」或「主要養育者」，因為唯有與主要養育者形成適當的依戀（attachment，亦譯為依附）關係，孩子才能順利建立社會性；若沒有形成這種基本的關係，孩子的社會性就會亮起紅燈。

這本書將依序介紹培養孩子社會性的必知事項。對剛出生的嬰兒來說，第一個建立關係的就是父母或主要養育者，如果他們不關心孩子的社會性，只把焦點放在學習能力的發展上，孩子遇到人生困境的波濤時，就很有可能因為無力克服而遭到吞噬。

父母應該為孩子培養足以克服困難、堅持下去的力量，而以溝通為基礎的社會性，將會成為支撐孩子戰勝這種波浪的力量。在本書中，從社會性的本質，到應該怎麼做才能幫助孩子培養這樣的力量，都進行了詳實的說明。

在第一章裡，會強調培養孩子社會性發展的前提條件——溝通力的重要性，包含順利溝通必要的條件，還有未順利進行時可能造成的後果等。

在第二章，將介紹符合孩子特質的依戀形成，以及與之相應的溝通方式，也會談到「接觸」的重要性——這是「依戀關係」形成時不可或缺的要素。此外，還會提及讚美作為人際關係基礎的重要性，以及孩子的特質、依戀在手足關係的形成方式等。

在第三章，會聚焦在適當的管教方式上，這是讓孩子接納、表達情緒所不可或缺的。從適合孩子發展階段的管教方式，到管教時應採取何種態度，都會進行詳細的介紹。

在第四章，將說明為何「情緒」是灌溉社會性的養分，以及為了讓孩子好好表達與調節情緒，父母應該扮演什麼樣的角色；此外，也會舉出父母壓抑、妨礙孩子情緒的錯誤態度。

在第五章裡，會強調構築、改善社會性的「自我調節能力」，同時提出培養這種力量的條件與方法。

最後，在第六章裡，我們會介紹一些方法，聚焦於那些在未與養育者達成良好溝通的青少年，協助他們掌握原本欠缺的社會性。

語言前期[1]的兒童，會透過肢體語言、眼神和身體接觸，來進行表達和產生反應，本書提出了可以在日常生活輕鬆應用的方法，除了能夠幫助表達能力笨拙、社會性低落的兒童以外，也可以為社會性低落的父母填補養分。

這是一本以經驗與理論為基礎的指南，專為準爸媽、新手父母，還有雖然具備足夠理論知識，但仍欠缺經驗的托兒所、幼兒園和小學教師，以及準語言治療師所設計，針對在溝通過程中最重要的要素進行解說。期許這本書成為幫助人們打開溝通之門的鑰匙。

我要在此向 RAONBOOK 的趙榮祏所長與 RAON 家族表達感謝之情，是他們給予我勇氣與協助，讓我得以尋得那些散落在各處的記憶碎片，完成經驗與心得的拼圖，並藉由書籍形式表現出來。

昭珉和達淵總是給予我勇氣與信任，告訴我人生真正的意義，送上我永遠的感激與愛；感謝我的老公吳昌敏，一直以來給予我信任與支持。此外，還要向在教養過程中感到煎熬時，給予我許多幫助的妹妹恩智，以及總是飽含真心給予我安慰的朋友貞愛，表達深深的感謝之意。

希望父母們明白，孩子的社會性雖然還不明顯，但正在緩慢、穩步地成長，這是我們為孩子提供諸多日常機會所得的結果。此外也要記得，我們應該耐心等待那些渴望培養社會性的人，並且為他們加油打氣。

「社會性的發展永遠不嫌晚，也不用怕做不好！」

1 pre-linguistic stage，亦譯為前語言階段、前語言期等，泛指「幼兒自出生至能說出第一個有意義的聲音之前」的這段時間，包括感到不舒服或飢餓的哭聲、使用口腔發出的咕咕聲、表示開心的笑聲，到之後的牙牙學語等。

Contents

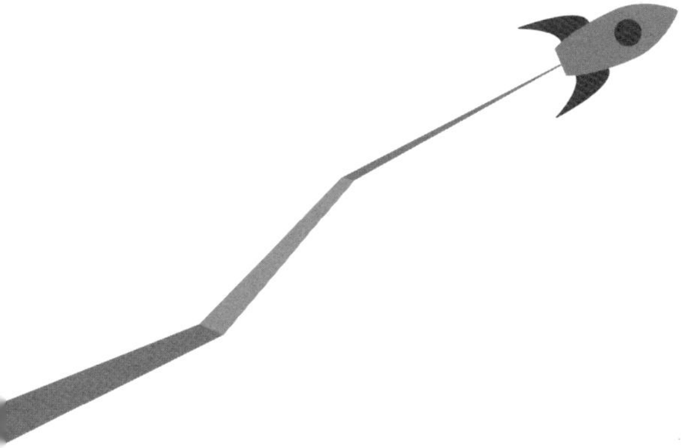

Chapter 3 聰明管教，讓孩子願意改變

Chapter 4 善於表達情緒的孩子，社會性更出色

Chapter 5 只要改變生活習慣，自我調節能力就會提升

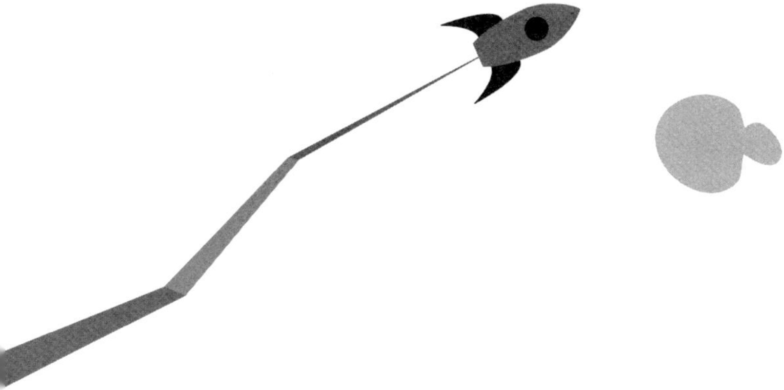

Chapter 6
青春期的孩子也需要社會性的訓練

Chapter 1

孩子的溝通力，是不會自然產生的！

社會性的萌芽，
始於日常生活情境裡的學習與收穫；
而同理能力的種子，
是在孩子思考、理解對方內心的過程中
成長茁壯的。

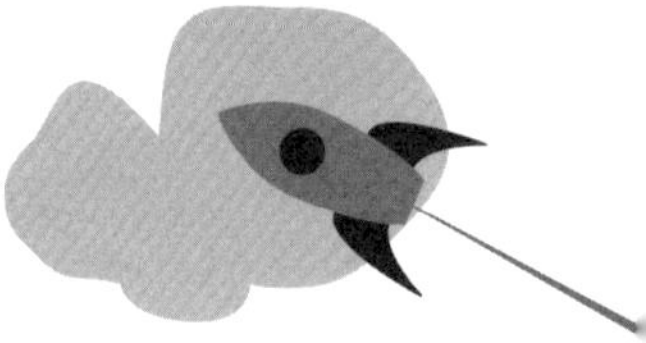

「媽媽，我想和朋友一起玩！」

我們要避免種下自私的種子，並播下同理心的種子、為彼此著想的種子，以及合作的種子，讓孩子與朋友一起融洽玩耍時，能夠感到更加快樂。

社會性的教育，就從遊樂場開始

每次去遊樂場時，我們總是會看見一幅熟悉的場景，那就是在孩子們最愛的遊樂設施——「鞦韆」前產生的排隊法則！

大部分孩子只要到了遊樂場，第一件事就是朝鞦韆狂奔而去；對小孩來說，鞦韆絕對是整個遊樂場裡最吸引人的遊樂設施，時常擠滿排隊等候的孩子們。

通常，孩子們會按照先後順序排好隊，輪流等候；此時，大部分孩子會「適當地」調整遊戲時間，也就是說，他們會一邊看著排在自己後頭的長隊伍，一邊計算盪鞦韆的適宜時間。但是，也有孩子會違背這項「法則」，就算看到其他人排隊，他們也毫不在乎，一個人佔著鞦韆久久不肯下來。

那天，有個孩子在坐上鞦韆之後，就沒有打算要下來的意思，結果排隊的其他孩子們等得疲憊不堪，一直煩躁地盯著正在盪鞦韆的那個孩子，有時還會扭動雙腿、搖晃身體，或對著在長椅上等待的媽媽皺眉頭，以無言的方式「告發」那個孩子獨自霸佔鞦韆的行為。

此時，一位看起來像是鞦韆佔領者媽媽的女子走了過去，我以為她要對孩子說「差不多該讓給別人玩囉」，但不知道怎麼回事，她竟然是問孩子：「你會不會口渴？稍微喝點水吧！」而在讓孩子喝完水後，她就回到了長椅上，和其他媽媽重新沉浸在你一言我一語的忘我境界裡。在那位媽媽的眼裡，自家的孩子獨自霸佔鞦韆久久不放一事，似乎沒有什麼大不了的。

明明知道有其他孩子在等候，但只要輪到自己，就不為其他人著想的孩子，還有不制止這樣的行為、裝作不知情的媽媽——這樣的人出乎意料地多。別說是好好教導孩子與其他人一起遊玩，這種大人反而在遊樂場縱容小孩自私的行為，實在是令人感到失望。

結果在當天，遊樂場裡的孩子們有好一段時間都玩不到盪鞦韆。

引導孩子學會選擇

過了幾天，我又帶著孩子們去了遊樂場，這次鞦韆周圍依然擠成一團，有一個男孩正在盪鞦韆。但過不了多久，一位媽媽走了過來。

「〇〇呀，差不多要輪到其他朋友玩了，你該下來了吧？」

「不要，我也是等了好久才玩到的。」

「你不可以一直玩下去啊，畢竟還有很多人在等，你還要盪幾次再下來？三十次還是四十次？你來決定吧。」

媽媽熟練地提了幾個數字給孩子，他想了一會兒，回答：「四十次。」

接著，孩子一邊從一數到四十，一邊盪著鞦韆，隨後從鞦韆上跳了下來。從鞦韆下來的孩子，一臉捨不得地說：「我還想盪鞦韆，可以再玩一下下嗎？」此時那位媽媽笑著回答：「現在不行。但是，你當然可以重新排隊，等輪到你就可以玩了。」

那個孩子在玩了幾次溜滑梯之後，又再次跑到鞦韆的隊伍後面排隊等待。

在相同的情況下，看到兩位媽媽的處理方式如此不同，讓人好奇兩個孩子的人格、社會性，在未來究竟會產生什麼樣的差異。父母應該確實教導孩子遵守規則，當孩子沒有採取正確的行動時，就必須清楚告知正確的方法和規矩。教導孩子以自我為中心採取行動的父母，以及告訴孩子要為他人著想的父母，在這兩種父母身邊長大的孩子，究竟會產生什麼樣的差異呢？答案應該不言而喻。

「等到時機成熟，就自然學會了吧」的錯覺

如果想讓社會性在孩子內心萌芽，父母就應該掌握關鍵期，根據情況教導孩子適當的規矩。因為孩子的內心和大腦就像海綿一樣，非常容易吸收、接受養育者的態度與話語，只要好好告訴孩子符合情境的處理方式和規則，就能讓他們輕鬆學習社會性，並在同儕團體中擁有好人緣。

遊樂場是大多數孩子首次遇到的小型社會，因此養育者應該帶著溫和的語調，以果斷、簡潔的話語將規則告訴孩子。如果只是茫然抱持著「孩子現在還小，只要時機成熟，他就會自然學會了吧？」這種模糊的想法，被動地等待，就是「錯誤的心態」。

如果明明知道自家孩子的行為會讓旁人皺眉，還自私地覺得「沒關係，只要我家孩子開心就好了」，這份想法就會直接傳達到孩子的心裡；在那瞬間，自私心理的幼苗，也會在孩子的內心深處萌芽。

遊樂場是第一個讓孩子知曉公共場所規則的地方，從兩位媽媽的話語和

行為來看，第一個孩子雖然有認知到當下行為是錯誤的，但由於媽媽從頭到尾根本沒有指出這一點，讓他錯過了要懂得禮讓他人的學習時間。這並不是孩子的錯，因為一個只有四、五歲的孩子，本來就很難忍住眼前的渴望、為他人著想，所以應該由大人來教導孩子；但那位媽媽卻只給了水就離開了，因此孩子很難深刻意識到自己的錯誤行為。

如果父母不教導孩子，孩子只會學到「看來我只要考慮我自己就好了」；此時，就等同剝奪了孩子學習規則、同理心的機會。

放任與教育的差異

第一位媽媽漠不關心的態度，讓孩子失去了學習省視自身行為的機會，這種放任的態度並不會為孩子的成長帶來幫助。父母應該提醒孩子注意其他人等候許久的心情，讓孩子能採取正確的行動；若孩子未發現自己的問題，就這樣置之不理，未來就只會故態復萌。

讓我們仔細審視第一位媽媽的內心，她肯定有看到在周圍等候的其他孩子，但她優先考慮的很可能是兒女的「快樂」，所以只著重在這一點上。比起學習「規則的重要性」或「同理其他人的心情」，她更傾向於把注意力放在快樂上，所以沒有任何制止的動作。

這位媽媽所選擇的，是自私的心理。

另一方面，第二位媽媽則是在不傷害孩子內心的前提下，告知在遊樂場必須遵守的規則。她讓孩子知道，遊玩時「不可以只考慮到自己」，並且給予孩子機會，培養遵守這份規則的力量；當孩子說想再玩一下盪鞦韆時，她也把適當的界線告訴孩子，並引導他遵守自己制定的規則。如前所提，養育者最好可以提前給予孩子選擇權，讓他們自己決定；如此一來，不管產生了什麼樣的結果，孩子都比較容易理解和接受。

以孩子的立場來說，在享受盪鞦韆的當下，如果突然不明就裡地被要求禮讓，可能會感到有點委屈。因此父母最好在前往遊樂場前，就事先告訴孩子在遊樂場需要注意的事項與相關規則；千萬不可以省略告知規則這項過程，又一味要求孩子禮讓。

孩子的社會性，是由父母的處理方式決定的

不妨提前讓孩子閱讀遊樂場相關的繪本或書籍，討論如果用危險方式玩耍可能造成的後果，或因缺乏禮讓造成大家感到不愉快的情境；除了當作間接經驗以外，孩子也可以預先在腦海中思考遊樂場裡的狀況。

父母應該告訴孩子，遊樂設施是所有人共用的，不可以長時間獨自霸佔不放。在這種時候，如果能教導孩子認識時間限制的必要性，就能產生很大的幫助。

舉例來說，如果規則是每個孩子輪流玩五分鐘，就可以詢問孩子，以五分鐘來說，究竟可以盪幾下——孩子既可以思考「能玩幾次」，自己直接決定次數，進而培養自我主導性，這種方法也能幫助媽媽自然告訴孩子遊樂場的規則，達成「一石二鳥」的效果。

社會性的萌芽，始於日常生活情境裡的學習與收穫，所以與其專注於培養社會性，不如從微小瑣碎的事情裡經歷和學習，這些都會成為寶貴的教訓。孩子們在遊樂場裡既可以培養道德感，也能學習禮讓與同理心——遊樂場，就是日常生活裡的小小社會。

父母的自私心理會在孩子的內心扎根

只要在遊樂場看著孩子，就可以知曉自家孩子的行為是否造成別人的困擾，與其他孩子是否相處融洽。為了自己要玩而不惜霸佔鞦韆，或者獨自包下翹翹板，不讓其他孩子靠近；不走樓梯，從溜滑梯底下往上爬；威脅、推開比自己還小的幼兒……等，這些行為不只破壞大家在遊樂場同樂的秩序，別人不願意與這樣的孩子共處。

在這個情況下，如果養育者明知孩子的行為有問題，卻單單注重「現在我的孩子玩得開心就好了」，不進行任何教育的話，孩子將失去學習正確遊樂場規則的機會。我們要知道，如果父母只顧著坐在長椅上、跟其他家長閒話家常，或許就會錯過培養孩子社會性、禮讓精神與同理能力的大好時機。

此外，我們也必須考慮到，自家孩子自私的舉動，以及身為媽媽視若無睹、漠不關心的行為，其他家長雖然也許沒有任何表示，卻在心裡產生了負面印象。

「他還小所以應該沒關係吧」、「等到孩子長大就會自主學習了吧」、「每個人小時候都是這個樣子」……以上這些想法既是錯覺，也是不負責任的心態。我們都在這個世界裡共同生活，這樣的行為不僅對兒女產生不好的影響，也會對其他孩子造成負面影響。舉例來說，這些等待輪流盪鞦韆的孩子們，就會意識到即使好好按照順序來，也玩不到盪鞦韆，可能會產生憎恨的心情：「我明明就有好好遵守在遊樂場裡學到的規則，卻還是玩不到——那我下次也要一個人玩很久。」

我們要牢記，父母的心態與行為，會深深地於孩子的內心扎根。所以，我們要避免播下自私的種子，並種下同理心的種子、為彼此著想的種子，以及合作的種子，讓孩子在與朋友一起融洽玩耍時，能夠感到更加快樂。

「等到孩子長大應該就會明白了吧」是不存在的

同理能力的種子，是在孩子思考、理解對方內心的過程中成長茁壯的。父母必須告訴孩子，遊樂場固然是一個歡樂的場所，但若未遵守秩序，就可能對其他人造成傷害，變成一個非常危險的地方，所以絕對不可以只顧著自己玩耍。

請不要抱著「等孩子長大就會明白」的心態，合理化當下小孩無法和別人好好相處的事實。我們要記住，若孩子不能和其他人融洽相處，讓別人感到不舒服或不愉快的話，那顯然是因為父母沒有給予教導而造成的。

我之所以會這麼說，是因為前面提到這種自私的行為，並不是只在幼兒身上才會看到的現象，在三～四年級小學生裡也很常見。這代表什麼意思呢？換句話說，如果父母沒有適當地引導，孩子即使長大也很難自主學習和掌握社會性。

孩子的社會性必須透過經驗與習慣來發展，理解與顧慮他人心情的想法並不會自動出現。所以，如果父母灌輸孩子自私自利的心態，孩子在走向世界時，就會因為缺乏足夠的社會性而陷入困境。

社會性的器皿應該由父母填滿

孩子從幼時透過與其他人相處所累積、掌握的經驗，會讓孩子的同理能力獲得提升，社會性也開始萌芽，並在小學時期開始嶄露鋒芒。

韓國作家李花子活躍於教育局、圖書館等，她以小學老師的身分，積極推廣教育的重要性。李花子在著作中介紹了皮亞傑（Jean Piaget）的理論，說明孩子的同理能力與社會性的發展，取決於換位思考（Perspective-taking）能力：

「根據皮亞傑的說法，在七歲以前的前操作期（preoperational stage），以自我為中心的孩子往往缺乏換位思考能力。換位思考能力是指從其他人的角度，來理解那個人的心情、感受、想法的能力，而缺乏這種能力的孩子，就很難理解與自己身處於不同情境的人所看到的事物面貌——因為他們以自己為中心來看待事物，所以對其他人有什麼樣的想法、感受沒有興趣。雖然在二～七歲這段期間，孩子具有強烈的自我中心性，但到了七歲以後，換位思考能力就會開始發展。」

——李花子，《社會性就是一切》（사회성이 모든 것이다，暫譯），Sam & Parkers 出版社，二〇一七

社會性的容器並不是自動填滿的，而是在父母根據情境、給予適當的指導時，一點一滴填滿的。如果父母沒有這麼做，才剛起步的孩子就會走錯路。

就如同自家孩子的心很珍貴一樣，我們也不應該傷害其他孩子的心；而孩子社會性的第一步，就取決於父母的話語和行動，因為孩子是看著父母學習、成長的。

竹子會保持竹筍的模樣長達五年，此時的它不堅韌、渺小、長得又慢，但只要超過五年，它就會長成竹子，扎下堅實的根部，在轉眼間發展成一片茂盛的竹林。孩子的發展（認知、身體發展、人際溝通、社會情緒）也是一樣的，相信在一邊達成協調一邊扎根時，溝通與人際關係都會趨於圓滿，形成一片鬱鬱蔥蔥的森林。

善於溝通的孩子，也擁有出色的社會性

家庭是孩子學習社會性的第一個環境，孩子會透過與父母的日常溝通來發展社會性，親子關係也會在互動中顯現出來。

做出「眞是個乖孩子」反應的孩子

在韓國的綜藝節目真人秀《我的超人爸爸》（슈퍼맨이 돌아왔다），我曾看過一幕印象深刻的場景。當時歌手張允瀞和主播都慶完一家人上節目，有個畫面是兩個人的女兒河穎（當時三歲）和爸爸一起吃地瓜。

當河穎拿著地瓜時，都慶完看著女兒說：「爸爸可以吃一口嗎？」接著張大嘴巴湊了過去，而河穎悄悄把拿著地瓜的手放到背後，表現出煩惱的模樣。看著河潁一邊轉動眼珠，一邊短暫陷入沉思，都慶完提議：「我只吃一點點。」河潁聽了之後，便伸手交出了地瓜。然而，都慶完一反先前「只吃一點點」的承諾，大口咬了下去；原本相信爸爸說「只吃一點點」而把地瓜交出去的河潁，一臉哀怨地看著爸爸，露出了失望的神情。

一般來說，在河潁這個發展階段的孩子，都會哭鬧或發脾氣，甚至說出「我討厭爸爸」這種話。但河潁的反應，卻完全出乎我的預料。

河潁遲疑了一會兒，看著爸爸問道：「好吃嗎？」聽到這句話的都慶完察覺了孩子的表情，頓時露出了慌張的神色，回答不上來；接下來，河潁說：「真是個乖孩子。」

聽到這句話，都慶完開懷大笑。原來，這是都慶完平時經常對河潁說的話，當河潁吃東西吃得很開心時，都慶完都會對她說：「真是個乖孩子。」所以河潁在爸爸吃得很開心的情境下，也脫口而出一樣的句子。

孩子會隨著表達方式成長

我可以想像，都慶完身負主播這份職業，應該常常對孩子投以充滿愛的話語，但讓我感觸更深刻的，是「河穎所模仿的爸爸的話語」。都慶完大口咬下地瓜時，河穎看到這一幕的表情是很僵硬的，從這點來看，做出「討厭」、「不要這樣」、「不可以」之類的強烈反應也不奇怪。

然而，看得出來河穎是一個對爸爸充滿信任與愛的孩子，所以雖然無法理解，也很討厭爸爸搶走自己喜歡的地瓜，卻表現出試圖諒解的態度。此時，河穎暫時放下自己委屈的心情，回想起平時自己吃東西開心時爸爸對她說的話，抓住這次機會反過來對爸爸說出那句話。

在看到這個畫面時，我再一次感受到父母面對孩子時採取的話語、態度的重要性，也重新體認到，孩子在與父母建立關係之際，獲得充分的情感支持與鼓勵有多麼重要。有了這樣的支持、鼓勵當成基礎，孩子在走向更寬廣的世界時，就能夠獲得一股力量，與他人也能發展出合適的關係。

溝通是關係的開端

家庭是孩子學習社會性的第一個環境，孩子會透過與父母的日常溝通來發展社會性，親子關係也會在互動中顯現出來。平時經常與父母積極溝通的孩子，在與同輩的相處上也不會有太大的困難，因為這樣的孩子在日常生活中已充分累積了與父母、手足溝通的經驗。

此時，與其無條件接受孩子的想法，父母不如告知孩子，每個人在想法上都會有所差異。要讓孩子充分體驗，並告訴孩子，未來走出家庭的保護、在更為龐大的社會上闖蕩時，可能會發生的各種事情。唯有如此，孩子在掙脫父母的守護後，即使是在不如意的情境下，也能努力去理解他人，為他人著想。孩子在家庭裡必須學會的第一件事，就是「人與人之間的關係是互相的」。與父母保持良好關係的孩子們，在成長過程中會聽到很多正面的話語，也因此能學習、掌握更多正面的語言。

都慶完是非常善於這種溝通的人，多虧了他經常與孩子互動，以及充滿愛的語言和行動，所以河穎雖然看到爸爸破壞約定、一口氣吃掉了大半個地瓜，卻還是努力試圖理解爸爸，表現出了正面的反應。透過這一點，我們可以了解到，父母對孩子投以正面的話語，以及充滿愛的語言所擁有的力量，是非常強大的。

父母直接的語言表達，會改變孩子的表達能力

若想培養孩子傾聽他人內心的力量，父母平時就應該努力解讀孩子的言語和行為，因為孩子不善於表達情緒，所以父母必須把表示孩子情緒的話語，以直接的言語表現出來。

如果看到孩子因為父母的行為而感到慌張，或者露出悲傷的表情，父母就可以推測出孩子現在正處於生氣狀態，心情很難過，所以應該直接解讀孩子的心情，對孩子說：「爸爸搶走了很多來吃，所以你覺得很難過呀？」、「你應該也很想要多吃一點吧？謝謝你讓給爸爸。」千萬不可以

用自己的心情，先入為主地斷定孩子的狀態，當父母在審視孩子的心情，並且試圖給予傾聽時，雙方的關係就能夠變得更加堅固、深厚。

在我看來，河穎父女的這個小故事，其實是都慶完抱著「如果我這樣做的話，河穎到底會不會讓給我呢？」的想法，所嘗試的一種惡作劇。當孩子處於像河穎這樣自我主見越來越強烈，開始有所堅持的年紀，身為父親是不是都會偷偷產生一種心情，想看看孩子的反應呢？

孩子們在對世界建立正確的理解之前，就被迫做出過分的忍讓是不好的，不過如果能像這對父女一樣，平時就累積了信任與愛的話，即使是在意想不到的時刻，孩子也能好好調節自己的情緒。

社會性是一張圖畫紙，每個孩子的塗色方法都有所不同

孩子會根據父母的教養態度來學習，父母在日常生活中的所有表達方式，會幫助孩子用各種方式來表達生命。孩子的社會性就像一張空白的圖畫紙，

若有好好學習理解、關心他人，並且建立和諧的關係，就能夠正常塗上色彩。如果父母對孩子的情緒表達給予敏銳的回應，並以言語好好表達出來的話，孩子的表達色彩就會顯得更加繽紛。

每個孩子的用色方式都不同，有的孩子會用一、二種色彩來表達，也有的孩子會用多樣的元素來滿足好奇心，同時進行溝通。父母應該透過適合孩子的表達方式和話語，告訴他們表達情緒與態度的方法，讓孩子能在與生俱來的白色圖畫紙上，塗上溝通的繽紛面貌。

父母的話語和行為，將決定孩子的起跑點

有智慧的人願意傾聽、接納別人的建議，若從孩提時就自然學習，將來在說出「謝謝」、「對不起」時就不會感到過於困難，也能學習承認錯誤和道歉的態度。

孩子的初始社會性，就從「Bye bye」開始

每個孩子都是一張白紙，看到什麼就學什麼，因此父母必須為孩子樹立榜樣，這是一種再自然不過的教育。舉例來說，當先生要去上班時，如果媽媽總是會溫柔地問候「路上小心」、「你辛苦了」，看著這樣的媽媽而長大的孩子，就算當下正在進行其他遊戲，也會自然地朝著爸爸說「Bye bye」。因為孩子每天看著這樣的問候長大，所以當爸爸要出門時，孩子就會揮揮手；當爸爸回家時，孩子也會笑著表達喜悅。

反過來說，如果媽媽對爸爸上下班漠不關心，看著媽媽這副模樣而長大的孩子，也不太會去關心爸爸去上班一事。孩子會透過家長的態度來理解關係與世界，對這樣的孩子來說，爸爸的存在微乎其微，既然媽媽沒有跟爸爸打招呼，那麼孩子自然就感受不到開口問候爸爸的理由和必要性。

只要來自孩子一句上下班的問候，父子的關係就可能產生很大的變化，所以這是非常重要的。爸爸是孩子初次與媽媽以外的人建立關係的第一個對象，這點同樣適用在主要養育者與其他家人間的關係（如果主要養育者並非父母，上下班的媽媽或爸爸也有可能成為此對象）。

媽媽可透過建立爸爸與孩子的關係，讓孩子為最初的社會性邁出第一步，接下來朝向親戚、老師、朋友等社會關係來擴展。就算是不善於表達的孩子，或是還無法正常說話的孩子，也能在認識的人經過時，揮手做出「Bye bye」這樣的問候。在無法以語言表達的階段，揮手動作其實就是帶有問候意圖的表示。接下來，隨著語言表達能力的發展，孩子就能學會說出「Bye bye」這句話，並以此進行表達。

不要輕忽「問候」！由父母成為榜樣

不管是否使用語言溝通，當孩子開始帶有意圖進行表達的同時，就會與其他人形成關係。剛開始，孩子只會和主要養育者接觸，接下來也會進一步向其他人表達情緒，逐步擴展關係。

此時養育者要做的，不是強迫孩子打招呼，而是要成為讓孩子自然學習的好榜樣。孩子在看到養育者的行為之後，會利用點頭、揮手、動作或說話等多種方法來嘗試溝通，此時孩子在做的，就是帶有問候目的之行為。

在與他人建立關係時，最重要的優先事項，往往是在不知不覺中學到的，透過這些榜樣，孩子就能學會與世界溝通的方法。與人們交流互動的這種雙向行為，能為孩子在日後脫離家庭圍籬、走入人群進行溝通時奠定基礎，培養建立關係的力量。因此，由養育者親身示範的問候，對於兒童來說十分重要。

如果平常在家裡不太重視這點，就應該盡快進行修正。要是孩子在成長過程中看到媽媽對爸爸，或者爸爸對媽媽，連基本問候都沒有好好做，他們長大後可能也會同樣不在乎這點，所以父母千萬不可以輕忽「問候」這件事。

「謝謝」和「對不起」的力量

孩子在理解話語前，就看著父母的態度學習，雖然不明白單字的確切意涵，但孩子在收到某個東西時，也會點頭表示「謝謝」來進行溝通。孩子會學習、掌握父母常用的語言，如果經常聽到父母說出「謝謝」、「對不起」之類的話語，孩子長大以後在面對外人、伴侶或子女時，使用這些話語也不會產生太大的困難。

在大人裡，也有不願承認自己的錯誤，倚老賣老、自以為是的人，他們往往十分吝於開口說出「謝謝」、「對不起」，因為這些人在幼時大多都沒有機會學習這些詞句，他們覺得如果自己輕易承認錯誤的話，就會產生一種好像輸了的感覺，所以會更強烈地否定對方，並堅持自己的那套邏輯。

然而，他們這種不願意承認錯誤的心情，反而只會成為在世界生活的障礙。有智慧的人在與其他人建立關係時，往往會傾聽、接納別人的建議，如果從孩提時就自然學習「謝謝」、「對不起」，將來使用這些話語時就不會感到過於困難，也能學習到承認自己的錯誤和道歉的態度。

即使到了一定年紀，也無法承認錯誤、表達感謝之意，就是缺乏同理能力的人。我以前也不太會表達「謝謝」、「對不起」，就算聽了其他人的建議，我也不會產生共鳴，總覺得自己的形象好像受到了指責，所以無法輕易接納，只會隨便講兩句客套話，而不是發自內心表達「謝謝」這句話。

但在教養的過程中，我了解到這樣是錯誤的。最重要的是，如果孩子們看著這樣的我長大，可能也會重複體驗我所經歷的人際關係困境，所以我決定要開始改變心態。

一開始並不容易，我一邊回顧自己過去缺乏同理能力、在人際關係遇到困難的模樣，一邊試圖學習和掌握它，但並不是很順利。於是我進一步練習了感謝和道歉，起初對「謝謝」、「感謝」等表達方式雖然有點陌生，但隨著反覆練習，漸漸開始熟悉；而在接納內心創傷的同時，也變得越來越容易向別人進行表達。這些練習，讓我重新體悟到了「肯定言語的力量」。

從現在開始做起

如果父母沒能好好進行表達，甚至直接忽略的話，就等於在把壞習慣留給孩子。其實，用眼神示意或點頭等非語言的表達方式，也是可以的。有人會疑惑：「只要光看眼神就能夠明白嗎？」沒錯，用眼睛也是可以充分表達心意的。

在表達時，重點在於自己懷著什麼樣的心情，如何好好表現出來，年齡並不是重要的因素。很多父母認為：「明明我活到現在都沒有遇到任何問題，是要改變什麼呢？順其自然地活下去就好了吧？」然而，就算到目前為止都是以這樣的方式活著，也不代表我們從今以後也必須那樣活下去。在這個世界上，一天、一個小時、一分鐘、一秒都十分可貴，希望各位不要拖泥帶水地失去人生寶貴的時間。

自己不展開積極的生活，卻期許子女或其他人擁有積極的人生，這份貪欲簡直太過龐大了。父母錯誤的表達方式和行為，可能會為孩子帶來辛苦的人生。

如果光靠物質上的獎勵，給孩子好玩具、好衣服，孩子是不會獲得成長的。精神上的獎勵對孩子成長的影響更大，孩子每天經由父母的話語和行為而感受、學習，所以我們必須努力不對孩子造成傷害——父母這個角色絕不簡單。

我們要做的，不是強迫孩子說出「謝謝」、「對不起」，當孩子自己能在心裡產生意識、進行表達時，禮儀的根基才會獲得成長。從童年時期開始，孩子在生活中學習、掌握到的行為，並不是受到強迫而來的，而是自然融入生命經驗裡的，因此能自然展現出來。懂得為別人著想的孩子，對其他人的感受性十分豐富，也善於投入自身的情感，若能按照禮儀、尊重的教誨生活下去，相信孩子在往後的人生中將會獲得莫大的力量。我們要記住，只要父母做好榜樣，孩子看著父母就會有所學習與掌握。

會與孩子建立依戀關係的不是只有父母

無論是職場媽媽還是全職媽媽，大多在孩子到了四歲左右，就會把孩子送往幼兒園。除了主要養育者外，孩子也能和祖父母、親戚、幼兒園老師、才藝班老師等人建立依戀關係，並且累積信任感，這點被稱為「多重依戀」（multiple attachment）。

父母簡單的一句話，可以幫助孩子達成圓滿的多重依戀關係，也可能把關係搞得亂七八糟；若是後者，問題可就大了，因為父母一句錯誤的話語，會導致孩子開始不信任周圍的大人。而在父母破壞行為中最具代表性的，莫過於在孩子面前說其他人的壞話。

尤其如果是說幼兒園老師、才藝班老師等人的壞話，這些話語會深深烙印在孩子的心中，因為孩子們還不具有自己判斷、思考的能力；如果是對主要養育者絕對服從的孩子聽到這些壞話，不信任感的種子就會在他們的心中萌芽。

根據兒童學專家申芝燕的《兩歲嬰兒對母親與幼兒園老師的多重依戀與社會、情緒性行為》（세 영아의 어머니와 보육교사에 대한 복합 애착과 사회·정서적 행동，暫譯，申芝燕，首爾女子大學兒童學系博士學位論文，二〇〇四），在嬰兒發展中，無論是與母親或與老師，只要具有任何一方的安全依戀，就可以充分發揮互補作用。

對孩子們來說，老師就像一棵大樹，當父母表現出尊重老師的態度時，孩子們就會相信並服從老師；如果在孩子面前數落老師，或者說老師的壞話，孩子就不願意相信老師，而這樣的心情，可能會導致孩子對老師教導的一切都產生不信任感，不管是老師出的功課，還是老師教的規矩和事情，孩子都不會好好遵從；而且即使和老師長時間相處，也無法形成健康穩定的依戀關係。從整體上來看，這點必然會為孩子帶來不良的後果。

如果父母認為老師有什麼不足之處，最好在孩子看不見的時候直接找老師溝通解決。當父母懷有尊重老師的心時，孩子才能與老師建立更深厚的關係。媽媽並不是唯一會與孩子建立依戀關係的人，因為懷疑老師而燃起的那股不信任的力量，甚至可能對父母造成影響，進而成為在所有人際關係中喪失信任感的導火線。

我們應該避免對認真的老師投以不信任的眼光，父母對老師的指責就像是小石頭，會在孩子心中的湖水引起波濤。我們必須牢牢記住，這種話語就像迴力鏢一樣，總有一天也會對父母本身帶來不信任感。

按照發展階段來了解孩子

當父母以符合孩子目前發展水準的適當刺激來指導孩子，為孩子提供許多機會時，孩子才能品嚐到小小的成功果實，獲得朝向更大挑戰邁進的力量。

二女兒遞給我的一本書

「媽媽，爸爸幫我買了老師推薦給我的這本書，媽媽妳一定也要讀讀看。」

有一天，二女兒遞給了我一本名為《完美小孩》（艾可菲著，賴羽青譯，格林文化，二〇一六）的書如此說道。我接過孩子給我的書，在讀完了以後，我反覆思索，並且開始反省「在這段時間裡，我是完美的父母嗎？」書中的內容是這樣的：

在某個晴朗的日子裡，杜氏夫婦前往一家大型超市買小孩，大型超市有銷售各種年齡、特質的小孩款式，杜氏夫婦購買了其中的熱銷款式——「完美小孩」，於是，完美小孩小布就這樣成為杜氏夫婦的家人。小布不會挑食，會一個人靜靜有規矩地玩耍，早早就上床睡覺，而且很有禮貌，在學校的所有科目也都表現得很好，完美小孩在任何情況下都十分「完美」。

但是，有一天小布因為父母的失誤，在不是嘉年華會的日子裡穿著自己的服裝上學，結果成了朋友們的笑柄。憤怒的小布一回到家就脫下了嘉年華會服裝，朝著夫婦大發脾氣。看到小孩突如其來的無禮行為，杜氏夫婦大吃了一驚，連忙帶著小孩前往客服中心。

客服中心的職員問：「如果把小孩送回原廠檢查的話，修理時間會拉得很長，這樣沒關係嗎？」就在此時，小布向客服中心的職員如此問道：

「能不能請你幫我找個完美父母呢？」

面對小孩犀利的提問，職員笑著說：「完美父母？這想法真有趣！」

故事到此結束。

小布在最後場景說的這句話，是這本書的重大反轉，因為看到小孩生氣的樣子而失望、去修理孩子的父母，反而遭到了小孩的當頭棒喝。雖然內容很短，但讀完這本書之後，我想了很多，並且產生了一個疑問：「我家孩子為什麼會拿這本書給我看呢？」

剝奪孩子學習機會的父母

不會挑食、吃飯吃得很乾淨、一個人靜靜有規矩地玩耍、早睡、有禮貌、功課優良、不會胡鬧、在任何情況下都很完美的孩子……大部分的父母都像這本書的主人翁夫婦一樣，希望有個完美小孩。

我也是這樣的，在學習語言治療的過程中，雖然在育兒方面獲得許多幫助，不過另一方面，因為仔細學習了關於孩子語言發展的知識，所以當孩子的語言沒有按照年齡發展時，我也會比其他媽媽來得更加擔心。這樣的心情會原封不動地傳遞給孩子，有時可能會給孩子過度的刺激，甚至帶來壓力。再加上我生二女兒時，由於妊娠高血壓，比預產期早了一點生產，使得我對孩子各方面發展都格外敏感，也會一直過度檢查孩子的發展狀況。

回過頭來看，這樣子往往會給孩子帶來過度的壓力與心理負擔。當我覺得孩子的發音不正確時，雖然沒有直接指出「不對」或責怪孩子，但因此一直反覆教導孩子也是事實。我的不安似乎完整傳遞到了孩子身上，實在是很對不起……至今我依然替自己的態度感到抱歉和羞愧，因為我既沒有保持耐心等待，又不肯放過孩子。

明明再給孩子多一些等待也沒關係，但「孩子比預產期早出生」、「她生來就比較虛弱」這些因素，總是停留在我腦海中揮之不去，讓我難以擺脫這些憂慮。

現在回想起來，大概是因為我自己年幼時是個依賴性很強的小孩，花了非常長的時間來擺脫自己不夠堅強的樣貌，一想到在那段時間裡受到的傷害，不想讓孩子跟我一樣脆弱的心情，就助長了我的焦慮感；執著於「我絕對不要讓小孩動不動就依賴別人」的育兒哲學，也因此忽略了孩子疲憊的神情。

我們並不是孩子的手或腳

當只有一個孩子的時候，我試圖把他培養得堅強、獨立自主，跌倒也能自己爬起來；但擁有第二個孩子後，比起遵守以往的育兒哲學，我在每個機會來臨的瞬間都選擇了「合理化」的方式，結果無論是我的育兒哲學，還是孩子的自主性，全都一塌糊塗。

養育老二時，我沒有給她自己穿衣服的時間，也沒有試著讓她親自選擇衣服；相反地，我會在她睡覺時就幫她穿好衣服，希望孩子在這個時期可以多睡一會兒。對第二個孩子，我總是會想「再多給她一點時間也沒關係」，並且介入孩子生活中的所有時刻，代她解決。最後，孩子錯過了在生活中練習和學習的諸多機會，這是媽媽的無知所導致的結果。

於是，我的二女兒就長成了習慣依賴的孩子，如今雖然已到了可以自己完成事情的年紀，卻時常表現出不願意親自動手的態度，成了一個自己幾乎做不了任何事情的孩子。或許就是因為父母過度介入，孩子才會失去學習的機會——我反省了當時的行為，並且感到後悔不已。

孩子在獨自練習時，會經歷無數次的錯誤嘗試，並且從中學習，此時父母只要觀察孩子的行為，適時給予引導即可。我們需要做的，就是為孩子提供機會，讓他們完成自己能做到的事情，一點一滴累積在日常生活裡學到的事物與經驗，等待孩子邁開步伐，迎向更巨大的成長。

每個人都有適合自己的發展階段

我之所以會對二女兒感到那麼憂心和焦慮，是因為我沒有足夠的耐心等待孩子達到發展階段，而獨自一人心急如焚。孩子們不一定按照一般的順序發展，換句話說，並不是所有孩子都會根據年齡走過相同的流程——我明明知道這一點，卻視而不見。

不知不覺中，我深入學習語言治療的知識、養育孩子已超過了十年。理論上的學習固然重要，但我在實際的育兒過程中學到了更多事物。兩個孩子的語言發展不一樣，一個孩子閱讀很快，但是寫作比較慢，另一個孩子比起閱讀，對寫作表現出了更大的興趣。發展會根據個人的特質而有所差異，諮商時如果遇到孩子與平均發展相比出現六個月以上的差距，我才會建議到專業機構接受檢查，不過若只相差二～三個月，就不需要過早開始感到不安。

小寶寶不需要透過語言，單單憑藉著行為、眼神對視、接觸等，也能充分達成溝通；雖然我在理論上有所領會，但內心卻沒有接納這一點，所以沒辦法放任孩子自由發展，反而為孩子帶來了壓力與傷害。

在韓國，小孩滿六歲之前可免費接受健康檢查，透過檢查確認孩子的成長發育過程[2]；因此，只要讓孩子按照時期接受檢查，就可以確認孩子是否好好成長，也能早期發現疾病和發展遲緩。

發展檢核會進行身體、認知、溝通交流、社會、情緒等各方面的檢查，首先會由主要養育者填寫問診表，只要在日常生活中觀察孩子的模樣、按照問題填寫就可以了。需要注意的是，主要養育者必須以事實為基礎來進行記錄，唯有如此，才能得到準確的結果。不過令人意外的是，有些養育者沒有遵守這個基本原則，甚至在檢查前讓孩子「練習」問診表的內容，這樣當然很難得到準確的檢查結果。

主要養育者應該透過準確的檢查填補孩子的不足之處，千萬不可錯過這段寶貴的時間。父母有時很難掌握客觀的視角，無法理解孩子的行為，也沒辦法確認到孩子其他的行為模式；此時，嬰幼兒檢查與發展檢核問診表就可充分滿足這個部分。父母們千萬不要忘記，唯有誠實、準確地檢查，才能幫助孩子達成均衡的發展。

不足的部分，只需要填補即可

網路資訊宛如洪水般氾濫，我們不是專家，實在難以在這片資訊的大海中，尋找重要而核心的正確資訊；因此，更要避免被毫無根據的大量資訊所迷惑。

父母不應過早開始擔心，或因不安而妄加臆測，若是如此，擔憂的情緒會逐漸與孩子的行為連結起來，讓父母戴著有色眼鏡來看孩子。如果真的遇到了什麼情況讓你感到不安與憂慮，最好能諮詢相關的專家。

我們應該根據孩子的特性，運用適當的方法來親近、接觸他們，當父母理解孩子的行為後，就會產生適合自家孩子的方法與訣竅；而早期診斷可以協助填滿孩子不足的部分，啟動早期療育（Early Intervention）的寶貴時

2 在台灣，由國民健康署提供未滿七歲之兒童七次健康檢查。

間。因此，只要了解到孩子的不足之處，哪怕只有一點點也無所謂，請不要錯過那個瞬間。

孩子是在父母的期待下成長的，如果父母不去理解孩子的負面行為，甚至用負面的言語傷害孩子，親子關係就會因此破裂。就算孩子想自主調節情緒，往往也無法如期望般順利；而父母投以負面言語的機率又會隨之增加，到頭來孩子的自我肯定感只會越來越低。

若對孩子產生莫名奇妙的不安感，希望各位不要一個人胡亂猜測，也不要在網路上詢問陌生人，而是親自請教專家，聽取專業回答，進而尋找突破口。這樣對親子雙方都是比較好的方式，不要因為擔憂而浪費寶貴的時間。「在發現孩子的不足之處時，只需要想辦法填補起來就可以了。」讓我們抱持著這樣的想法來親近孩子吧！

無論是大人還是孩子，都不可能是完美的

如果明知輪胎漏氣卻置之不理，駕駛過程中可能就會突然爆胎；要是父母過度輕視孩子整體領域的發展，孩子就可能錯過需要學習的正確時機。因此，不考慮孩子的發展階段，只是一味按照年齡來進行指導，並不是適當的方式。

當父母以符合孩子目前發展水準的適當刺激來指導孩子，為孩子提供許多機會時，孩子才能品嚐到小小的成功果實，獲得朝向更大挑戰邁進的力量。就像沒有完美的父母一樣，完美的孩子也是不存在的，當父母提供關愛和信任的土壤，並好好等待時，孩子發展的根基才能強而有力地生長。

與其過早陷入不安感與憂慮之中，不如先了解孩子不足的部分，再以慢慢填補的心態來與孩子拉近距離。孩子的發展是一個方向，而那個方向，將是一條上升的曲線。

Chapter 2

讓溫暖的依戀，培養孩子的人際溝通

依戀的起點是溫暖的接觸，
依戀形成良好的孩子，
在與他人形成關係時也不會感到困難；
一個被愛過的人，
往往也會產生「給予他人關愛」的力量。

溫暖的接觸是表達的根基

心理上的安全感，能幫助孩子培養在陌生環境盡情探索的力量，只要有一個人願意相信和支持自己，孩子就能獲得克服困難的勇氣，走向世界。

接觸，並不單純意味著觸摸

依戀是孩子活在世上的力量根基，而這個根基會在堅韌的信任土壤中生長。擁有良好依戀關係的孩子，往往能順利克服苦難與逆境的時期，因為想在殘酷的世界中生存，孩子心中的儲藏室就必須裝滿豐沛的能量，而依戀、信任正好可以轉化為這種能量。

無論孩子接受的是父母、祖父母還是其他機構的養育照顧，與主要養育者形成良好依戀關係的孩子們，就不會輕易害怕、厭惡世界，能好好地與這個世界進行溝通，與其他人和睦相處。

如果想形成良好的依戀關係，讓它成為溫暖表達的根基，父母就必須在日常生活中為孩子創造豐富的接觸體驗。這裡的接觸，指的不單只有透過皮膚的相互碰觸，父母溫柔的聲音、和藹的微笑，甚至是面對孩子的溫煦眼神等，全部都包含在溫暖的接觸裡。

小寶寶只會透過外部環境的刺激來獲取資訊，透過用眼睛看、用耳朵聽、用鼻子聞、用嘴巴嚐、用手觸摸的五感，以此感受父母的關愛。舉例來說，在擁抱孩子時，如果把重點放在「擁抱」上，只是單純給予孩子擁抱，孩子與媽媽的依戀不一定會獲得成長——在擁抱孩子時，更重要的是父母給予擁抱的方式。

如果只有擁抱的行為，是不可能形成依戀的。舉例來說，如果口頭上說「你過來一下」，卻以強硬的力量抓著孩子，或者拉扯的行為過於粗暴，孩子就會感到混亂。如果父母嘴上說著「沒關係，我能理解」，但臉上卻面無表情，聲音也冷冰冰的，對孩子來說根本不是「沒關係」，這種接觸只會讓孩子感到不舒服且畏懼。

在與養育者相處的日常中，孩子可以學習、掌握許多生活要領，從而讓發展獲得提升。孩子在父母的懷裡仰望著臉，眼神對視，可以學習解讀肢體語言的方法，並且發展這項技能。如果父母接收到小寶寶的肢體語言，卻沒有給予敏銳的回應，或者假裝不知情，孩子就會感到非常混亂。

舉例來說，當孩子因為感到不舒服而掙扎或踢腿時，只要父母理解這樣的動作，並且根據情況做出適當的反應，就是對孩子肢體語言的回應。親子之間形成的依戀扎根於互動之上，亦會成為溝通的基礎，能拓展孩子溝通交流的技巧，對孩子作為社會一員、建立人際關係所需的社會性互動，也很有幫助。即使說是接觸，也不代表所有接觸都是一樣的，溫暖的接觸必須富有智慧又敏銳，並能回應孩子期待的互動，這才是足以成為兒童社會性發展根基的成功接觸。

日常經驗、表達對孩子有什麼影響？

當小寶寶看到養育者反覆解讀自己的表達（哭泣、手勢、話語）、給予回應的模樣時，他們就會獲得自信心，並且變得更加積極。從「自己的渴望獲得滿足」這種經驗產生的信念，是維持孩子一生幸福所須的重要條件。

在生活中，孩子有許多與父母建立依戀關係的機會，此時父母應該對孩子的表達給予敏銳回應。像是在換尿布時，若父母能給予適當的回應，孩子就能學會與世界快速溝通的方法。

舉例來說，幫孩子換尿布時可以說：「我的小寶貝，我們來看看有沒有很多噓噓好嗎？讓我們把褲子脫掉，再把濕濕的尿布脫掉吧！」、「哎呀～很涼快對吧？」……以這樣的方式為孩子提供表達的機會，即使無法用言語進行，也可以身體的動作、笑容、咿咿呀呀的聲音等反應來回答。父母只要觀察孩子的反應，適當地對孩子說：「是不是乾爽多了？心情很好對吧？」接著等待孩子的回應就可以了。

❤尿布遊戲

此外，幫孩子換尿布時，媽媽也能和孩子進行有趣的互動遊戲。舉例來說，媽媽可以讓孩子觸摸新的尿布，或者把尿布交到孩子手上。在幫孩子換尿布之前，可以一邊說著：「現在○○要不要換上新的尿布呢？要不要把屁股抬起來呢？」一邊把孩子的屁股抬起來，發出「鏘！」的一聲，或者在把孩子的屁股抬起來後，稍微往兩邊移動一會兒，像在跳舞一樣……都是可行的方式。

隔著尿布玩躲貓貓遊戲、用尿布搧扇子來讓孩子感受風、在換尿布時把嘴巴放在孩子的肚子上發出「噗嚕嚕」的放屁聲……等，只要能讓孩子看到、聽到，或透過震動來感受觸感，都會成為很好的接觸，其實媽媽與孩子之間有著非常多樣的互動、接觸方法哦！

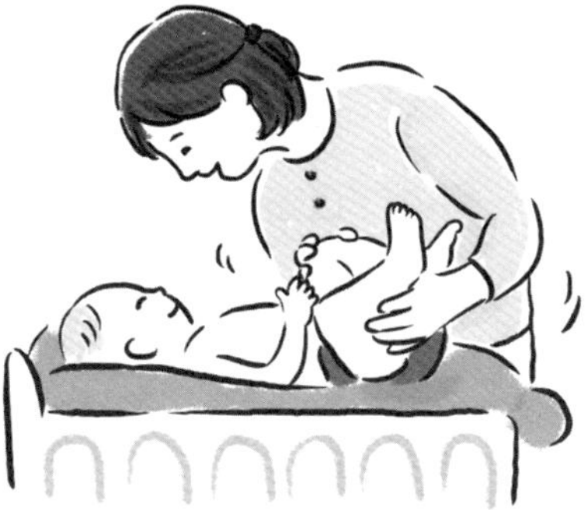

在陌生世界上找尋安全感的方法

依戀的起點是溫暖的接觸，依戀形成良好的孩子，在與他人形成關係時也不會感到困難，一個被愛過的人，往往也會產生「給予他人關愛」的力量，這對朋友關係、學校生活、伴侶關係，甚至是夫妻關係都會造成影響。

小寶寶難以把情緒透過話語進行表達，此時父母為孩子帶來的溫暖接觸，會藉由皮膚傳遞，接著直接傳達到孩子的大腦。對於剛開始接觸外界、感到陌生與不安的小寶寶來說，媽媽溫暖、柔和的依戀教養，可以充分傳遞心理上的安全感。

心理上的安全感，能幫助孩子培養在陌生環境盡情探索的力量，只要有一個人願意相信和支持自己，孩子就能獲得克服困難的勇氣，走向世界。在依戀教養中長大的孩子們，長大後往往能成為擁有高度自我肯定感、獨立且富有人情味的孩子。

讓我們盡量與孩子多接觸、多說話、多觸碰吧！如此一來，孩子就會與身邊的人們建立起依賴與信任關係，成長為足以形成圓滿依戀關係的帥氣大人。

學會讚美，拉近與他人的關係

孩子在受到稱讚之際的反應，會表現出對自己與對他人的信賴能力。讓孩子專注在喜歡的事物上，一點一滴累積小小的成就感，產生挑戰其他事物的勇氣吧！

向父母學習安全感與信任的人際關係

孩子往往會從關係最為親近的父母身上，獲得信任感、安全感並形成依戀。與父母順利形成依戀的孩子，在與他人的互動關係中，也比較容易獲得舒適的感受，並抱持試圖透過對方學習、掌握事物的意志。

親子關係是孩子學習溝通技能的基礎，從父母那裡形成安全感、信任的孩子，能讓親子關係成為穩定的依戀，進而願意與其他人建立關係。反過來說，沒有從父母那裡獲得讚美與信任的孩子，就可能無法相信自己，或者不願意相信其他人，甚至兩者都無法相信。

讚美對孩子的信心形成十分重要，而孩子在受到稱讚之際的反應，也會表現出對自己與對他人的信賴能力。不過，即使是一模一樣的讚美，對於有形成依戀的人，或沒能形成依戀的人，所產生的結果也截然不同。前者能直接接受別人的讚美，後者則無法完全相信讚美的正面意圖，不僅難以接受讚美，在自己要給予別人讚美時，也會表現出吝嗇的態度。

如果孩子擁有被愛的經驗，就能好好去愛其他人，這點與擁有很多被讚美經驗的孩子，也能給予他人讚美，是同樣的道理。

即使是新生兒也需要讚美

即使是透過非語言的方式，也能隨時隨地進行讚美，這種行為對小寶寶來說就是一種「關心」。注視著孩子，露出溫暖的微笑，對小孩的要求當場做出反應，其實就是一種「父母給予孩子的讚美」。在父母的溫暖回應中，孩子能充分感受到滿滿的依戀。

出生三個月的寶寶，就能表達「快樂」、「悲傷」、「驚訝」、「憤怒」之類的情緒，像是嬰兒換好尿布後，心情就會變好、笑得十分燦爛就是一例。嬰兒會透過與重要的人之間的互動，形成「依戀的框架」，也就是說，父母對孩子抱持的關心，就是讓孩子形成依戀關係的「材料」。

另一方面，有些人認為「如果太常抱小孩，就會把小孩寵壞」，或是「如果常常抱小孩，小孩就會養成壞習慣」，甚至有人建議「應該盡可能無視小孩的哭鬧，就算孩子在哭，也要狠下心來，千萬不可以去抱他」。乍看之下似乎煞有其事，但這絕對是錯誤的態度！

我們要記住，對小寶寶來說，哭聲其實就是「語言」。小寶寶無法用言語表達進行溝通，所以唯一的方法就是哭，只能以此與養育者進行溝通。然而，若養育者無視孩子這樣的溝通，不作任何反應，在信任萌芽前，孩子就會先產生對世界的不信任感。

當一次又一次地重複這樣的情況，孩子就會出現挫折感，而且不再對養育者產生反應；換句話說，就等於是放棄用哭泣來進行溝通。當父母看到這個情況，千萬不可以因為小寶寶停止了哭泣，就認為他改掉了壞習慣而感到開心。在這段過程中，從孩子身上被戒除的不僅僅是哭泣的習慣，同時還有努力與媽媽溝通這一點——如果只能進行非語言溝通的孩子放棄了哭泣，就等於關上了與媽媽溝通的窗口。

溫順的孩子，也可能會有不溫順的時候

當孩子年幼時，父母很難對孩子有正確的掌握。很多大人在看到溫順的孩子時，總會誇下海口說：「如果是這樣的孩子，我再多養二、三個也無所謂。」然而，有的孩子一出生個性就比較溫順，有的孩子則不是這麼一回事；如果嬰兒的睡眠時間很長、不太會產生飢餓的反應，或者缺乏排便的反應時，養育者最好多加觀察孩子，適當給予孩子五感的刺激。

有的父母在孩子產生反應前，就會在事先預定好的時間餵孩子喝牛奶、更換尿布，其實相對剝奪了孩子向父母表達的機會。在這樣的情況下，孩子失去了產生反應的必要，因為父母什麼都知道，而且事先幫自己把所有事情做好了；如此一來，孩子的刺激反應可能就會比其他孩子低落。想防止這樣的事態發生，我們最好在合理的時間內，等待孩子產生反應。

哭泣是孩子表達自身意志的最佳方法，所以切忌看到孩子不太會哭鬧、睡得很久，而且不怎麼愛表達，就斷定他很溫順、隨和；因為這不一定是孩子真正的個性，而是可能存在其他原因。

如果把孩子放在嬰兒車裡帶出門，但他卻一直睡覺、沒有對外界產生反應，父母不能以此認為他是個溫和的孩子。越是在這種情況下，越是應該為孩子提供更多的刺激與反應的機會。

媽媽與孩子的互動時間越長，溝通的機會就會越多。在餵奶、換尿布、哄孩子睡覺時，父母都有充分的機會與孩子進行許多互動，給予孩子刺激、提供更多的反應機會，千萬別錯過日常與孩子互動的機會。

孩子的哭聲與溝通的關係

帶小孩是一件十分辛苦的事情，如果一天到晚受到孩子的折磨，媽媽會非常疲憊，甚至筋疲力盡。但是，孩子為了適應和了解這個陌生的世界，同樣也在孤軍奮戰當中，有智慧的媽媽不管有多麼疲憊，也會努力欣然回應孩子的表達（哭聲）。

年幼時有被父母好好回應、形成信任感的孩子，長大後也不會覺得很難與父母溝通。這是因為已經形成依戀關係的孩子，可以提前預測父母的反應，不會感到不安；由於孩子對父母抱持著堅定的信任，因此確信不管是多麼難以啟齒的話語，只要自己好好說出來，就不會遭到父母貿然的否定。然而，沒有充分形成依戀關係的孩子，因為沒有自信能與父母順利達成溝通，所以在對話中往往會表現出恐懼、迴避的模樣。因此，孩子必須從小開始與父母多多交流想法，建立起依戀關係，這將為孩子未來在邁向社會時打好基礎。

我要再次強調，孩子哭鬧絕對不是一件壞事，這只是年幼的孩子能與外界溝通的唯一工具而已。小寶寶的哭聲包含了各種訊息，例如肚子餓、想睡覺、鬧彆扭、生氣等等，雖然我們很難區別哭聲的差異，但根據起伏與強度，哭聲的意義也有所不同。

與其認定孩子表達的溝通方式不正確，我們不妨正面思考「原來我家孩子正在平安長大」。此時父母需要做的事情，就是給予適當的回應，教導孩子各種表達方式，讓孩子在長大成人後也能順利與他人溝通。透過這種持續的互動，孩子就可以運用其他方法，進行表達的技能。

孩子在成長過程中，看著父母填補自己需要與缺乏的事物，繼而意識到父母是值得信賴的人。在這個階段，孩子與養育者間累積的信任關係，會成為建立人際關係時最基礎的要素。

多多注意孩子的強項，而非弱點

想幫助孩子的人際關係，父母能做的另一件事，就是多多注意孩子的強項而非弱點。唯有如此，才能刺激孩子產生動機，若孩子認為這件事自己無法完成，或覺得看起來很困難，就很難下定決心堅持到底。

在這個情況下，我們不應把焦點放在「孩子如何把不擅長的事情做好」，而是應該多多關注在「孩子感興趣且擅長的領域」上。若因為想培養孩子缺乏的能力，一心專注於彌補弱點的話，孩子可能無法集中在自己感興趣的事物上。

在做擅長的事情時，孩子會更有耐心，也比較容易長時間保持專注，此時孩子會一點一滴地重複獲得成就感，這些成就感也會為孩子的自我肯定感補充能量，進一步賦予孩子勇氣，敢於挑戰自己不擅長的部分。雖然既困難又辛苦，但只要有了「即使如此，我還是試著挑戰一次看看吧？」的想法，孩子就能抱持耐心，下定決心堅持到最後。

面對孩子做不好的事情，父母無須感到焦慮或擔心，而是應該給予信任，等待孩子慢慢前進。提升孩子的不足之處，需要大量的時間和訓練，若父母為了彌補孩子的弱點，一味施加要求，反而可能連帶妨礙到孩子在強項的能量。

多給孩子一些機會，讓孩子專注在喜歡的事物上，一點一滴累積小小的成就感，產生挑戰其他事物的勇氣。如此一來，透過在強項領域反覆經歷的成功與失敗，孩子就不會輕易受到挫折，也能獲得重新站起來的力量。

根據孩子的特性，進行溝通

當孩子無法運用情緒語言來表達心情時，我們應該多注意孩子的特性，努力理解孩子表達上的不成熟，試著察覺孩子隱藏在其中的真實情感。

與孩子分享豐富的情緒詞彙

若想讓孩子學會適當表達自己的情緒，父母在日常生活中應該要對孩子使用符合情境、適當的情緒詞彙，來描述發生的事情。如果在自己經歷情境的同時，聽到父母適當表達的情緒詞彙，孩子就能更容易、更有效地學習和掌握這些用字遣詞。

舉例來說，當哥哥堆的積木被弟弟毀掉時，媽媽應該要做的，是試著揣測哥哥難過的心情。我們首先要解讀孩子的情緒，比方說：「積木被弟弟毀掉了，該怎麼辦？你一定很傷心。」

接下來，我們要運用詞彙來準確描述孩子的情緒，像是「你一定對弟弟非常生氣」；否則，不太懂得表達情緒的孩子，就會選擇更簡單的方法——行動，來進行表達，例如大吼大叫、亂丟東西、毆打弟弟等。所以，此時父母若能使用情緒詞彙來解讀孩子的心情，並描述給孩子聽，就可以對孩子產生巨大的幫助。

如果父母不先揣測孩子的心情，只把焦點放在孩子的問題行為上，用負面情緒來回應，孩子就會錯失學習正確表達心情的情緒詞彙的機會；如此一來，孩子往後在產生類似的情緒時，就會傾向再次用問題行為來回應，而不是用語言適當地把情緒表達出來。

因此，父母應該教導孩子在目前情況下能適當表達心情的情緒詞彙，一個是積木被弟弟毀掉之後的「傷心」心情，另一個則是「生氣」的心情。這些都是孩子透過親身經驗學到的詞彙，所以能更快速、更容易地在生活中熟悉與應用。理論上來說，比起用單字卡等方式學習，藉由經驗學到的詞彙，能讓孩子更有效地掌握和使用。

換句話說，當父母在生活中教導孩子理解情緒詞彙時，就能幫助孩子成長，進一步有能力表達情感。因此，對孩子來說最好的語言老師，就是陪伴孩子時間最長的養育者。

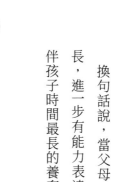

不懂如何正確表達心情的孩子

父母是孩子出生後最先建立關係的人，也是在日常生活中提供學習機會，以及能為孩子填補不足之處、修整鋒利之處的人。孩子在學習與父母建立關係的技能時，即使出現了不足之處，父母也能充分包容，睜一隻眼、閉一隻眼耐心等待，但當孩子習得與父母建立關係的技能，進入社會（機構、學校、社會）時，那又是另外一回事了。

此時，如果孩子建立關係的技能出了錯，在與他人進行社會互動的過程中，就可能遇到很大的困難。因此，父母應該幫助孩子掌握與他人互動時需要的技能，讓他們能根據情境，採取適當的表達方式。

有的孩子會比同齡的人更難掌握情緒表達的語言，這點可能會透過性格表現出來。不過，如果孩子在情緒上的語言表達有障礙，家長也無須過早開始感到擔心、焦慮，因為孩子只是難以表達，而不是沒有能力表達；就算不使用語言，他們也可透過非語言的表達方式（鬧彆扭、憤怒、肢體動作）來表現心情。每個孩子都會用自己的溝通方式來嘗試表達情緒，只是我們或其他人會因為理解與否而產生不同的反應。

當孩子無法運用情緒語言來表達心情時，我們應該多注意孩子的特性。當孩子表現出負面的情緒反應，甚至產生問題行為時，父母也要避免只把焦點放在行為本身，而給予負面的反應和回饋；相反的，更要努力理解孩子表達上的不成熟，並嘗試察覺孩子隱藏在其中的真實情感。

此時，父母應觀察、掌握當下在孩子身上出現的情緒，並且透過語言，平靜地向孩子描述這些對應的情感，為孩子解讀情緒。如此一來，孩子就可以學到如何用語言來表達自己當下產生的心情，往後再出現類似的情緒時，也能找到適當的詞彙，用語言進行表達，而不是以問題行為來表現。

如何教導孩子情緒詞彙

在教導孩子情緒詞彙時，父母應該以孩子經歷的事物為基礎，以簡單有趣的方式進行。如果你想透過日常經驗來教導孩子，利用孩子或全家福的照片會很有幫助，或利用孩子喜歡的漫畫角色一起聊天，也有所助益。

首先，我們可事先準備好形容各種情緒（喜悅、悲傷、生氣、害怕）的貼紙，接著和孩子一邊看照片一邊聊天，進行根據人物表情貼上相應情緒貼紙的遊戲。孩子會在活動期間一邊學習情緒詞彙，一邊受到視覺（照片）刺激和聽覺（媽媽的聲音）刺激，還可以在貼上貼紙時進行小肌肉運動。

透過這樣有趣的小遊戲，不只可以教導孩子適當的情緒詞彙，就連視、聽覺刺激和小肌肉運動都能達成，對孩子的認知能力也會有所幫助。

利用貼紙與相片，進行表達情緒的遊戲

我們可利用相簿進一步玩這個遊戲，準備大量孩子或家人的照片，這些照片必須包含各種情緒（開心、悲傷、生氣、恐懼等等）的表情。

父母可以和孩子一起挑選一張照片，然後貼上帶有表情的貼紙，如果選擇媽媽呈現笑臉的照片，就貼上微笑貼紙；接下來孩子在看其他照片時，也會尋找笑臉並貼上微笑貼紙。

要注意的是，如果這時父母只是把相簿拿過來，提議一起看的話，孩子可能會表現得興趣缺缺；請不要急著強迫孩子，父母可以先貼上幾張貼紙，接著把相簿放在他們視線所及的地方。如果孩子偶然打開了相簿，覺得有趣的話，就能輕鬆參與遊戲——當孩子自己做出選擇時，他們往往會產生更大的動能，並感受到更多的樂趣。

在孩子自己發現、拿起相簿，並且把它帶回來之前，父母只需要靜靜等待就好了。當孩子把相簿拿過來後，不妨笑著對孩子說：「哇～這是什

麼？」、「是我們的全家福耶！」、「要不要一起看？」、「你從哪裡拿來的？」、「一定會很有趣！」，只要用充滿期待的表情和語氣回應孩子，就可以進一步激發孩子的興趣。

接下來，當親子一起看相簿時，家長可以一邊指著孩子的表情詢問「你當時的心情是什麼樣子呢？」，一邊引導孩子自然地在貼紙中選擇一種表情。

「在這些表情裡，和○○的表情一樣的貼紙在哪裡呢？」

媽媽可以這麼問，然後耐心等待孩子回應。若孩子在各種情緒貼紙中選好了一種，媽媽就可以解釋孩子挑選的貼紙所代表的情緒，同時引導孩子把貼紙貼到相簿上。

剛開始進行遊戲之際，孩子不一定能選出與表情相符的貼紙，此時父母可以牽著孩子的手，一邊看照片裡的表情，一邊說：「我們家○○生氣地皺起了眉頭耶。」像這樣，把照片裡表情呈現的正確情緒說明給孩子聽，接著再把生氣的表情貼紙拿給孩子看，讓他辨識對應的貼紙，告訴孩子「這裡有生氣的表情耶」，再引導他把貼紙撕下來、貼上去就可以了。

如果沒有適合的照片，也可以收集各種表情貼紙，並且將「呈現類似情緒的表情貼紙」進行配對活動，重點在於以「一起玩遊戲」般的多元方式來教導孩子。

另外，也可以透過醫院遊戲（痛苦、害怕、哭泣）、洗澡遊戲（涼快、清爽）、玩偶遊戲（漂亮、可愛）等情境，讓孩子自然而然地掌握情緒與表達。此外，在進行角色扮演遊戲的同時，還可以學習到更多的表達詞彙。若父母根據遊戲方式給予適當的回應，孩子就可以體驗到更多樂趣，甚至進一步學到父母的表達方法。

當孩子透過遊戲理解、表達自己與他人的情緒時，就能在其中發展認知和語言能力。比起在填鴨學習過程中學到的字彙，親子一起遊玩時，孩子更輕鬆快樂，效果也更好。

孩子在與父母遊戲的過程中，溝通機會自然也會增加，隨著這種互動的

積累，對於父母的那片信任與依戀的森林，也會被灌溉得更加蓊鬱。

沒有明確指示就無法理解的孩子

有的孩子難以理解經過省略的語句，無法領會沒有指名道姓的代名詞。對這樣的孩子，父母必須避免省略任何內容，明確地把每個詞彙說清楚給孩子聽。

假設有兩個孩子正在盪鞦韆，我先問左邊的孩子「你幾歲呢？」，他回答「七歲」，再問右邊的孩子「你呢？」，結果那個孩子沉思片刻，回答「我住在○○公寓裡」，給出與提問目的毫無關聯的答案。過了一會兒，我再次詢問右邊的孩子「你幾歲呢？」，孩子這才正確地回答「七歲」。

聽到我省略問題內容、直接說出「你呢？」時，第二個孩子的反應，意味著他無法正確掌握和理解言語的意義；對這樣的孩子來說，要推測那些經過省略的語句——也就是沒有明確指示的語句，並且作出回答，是格外困難的。

讓我們再舉一個例子。

假設媽媽因為照顧老二而忙得不可開交，大兒子卻總是纏著要零食。此時媽媽對大兒子說：「那你要不要吃餐桌上的那個呢？」媽媽口中的「那個」，指的其實是餐桌上的餅乾和水果，但大兒子難以理解媽媽所說的「那個」是什麼。

在這個情境下，媽媽千萬不可以說：「你連那個是什麼都不知道嗎？不是就在餐桌上嘛！」神經質地使用負面的話語來催促孩子；對孩子表達「稍微等一下」也不太適當，因為孩子實在難以理解媽媽到底在說什麼。父母可能認為孩子「看一下餐桌就會知道了」，但對孩子來說，要理解不夠具體的語句，往往是非常困難、費力的。

在這樣的情況下，父母要做的，是運用具體的詞彙來跟孩子說話。例如明確表達「餐桌上有餅乾和香蕉，如果你餓的話可以吃」，孩子就能輕鬆理解媽媽的意思。

父母的否定言語是大忌

遇到這種困難的孩子，雖然能進行記憶背誦等行為，但往往會在想像活動中遇到困難。有時孩子會在感興趣的領域發揮強大的記憶力，例如可以分毫不差地說出世界各國首都的名字、記住連大人都很難懂的國字，或者對背誦科目和需要規則的計算題等，一點也不覺得困難。

另一方面，在自行想像寫成文字，或以開放式的題目書寫作文時，他們往往會產生困難。這樣的孩子很容易覺得自己的想法和行為是無條件正確的，而和自己抱持不同想法的人全都是錯誤的，所以也會強加自己的規則、生活方式等等在其他人身上，為周圍的人帶來痛苦。

此時，父母如果對孩子的行為使用否定言語，經常使用像是「你錯了！算了！停下來！不行！你好怪！」這種命令式語氣的話，孩子就會受到很大的傷害，所以我們盡量不要對孩子使用命令句型，而是要多使用「讓我們～吧，試試看～好不好？」這種邀請句型來進行表達。唯有如此，孩子與父母的關係才能保持正面，不會受到負面影響。

另外，父母在評價孩子時，若以孩子的學習能力為標準，抱持著「這種程度的表達方式，孩子應該『就聽得懂了吧』？」的想法，孩子可能會產生過度的心理負擔，繼而陷入溝通的陷阱，如此一來，與孩子順暢溝通的管道或許就會被完全切斷。

父母有很多機會能近距離觀察孩子，如果孩子有任何不足之處，就應該透過這些機會，採取自然的方法來填補。與其一邊傷害孩子一邊教導孩子，不如根據孩子的特性，使用更好理解的具體言語，才能與孩子達成更圓滿、有效的溝通。只要實現了這一點，孩子就能夠學習、填補不足之處，同時慢慢掌握溝通的方法。

如果孩子無法理解比喻性說法

根據孩子的特性，父母應該盡量避免使用某些表達方式。尤其遇到孩子會按字面意思照單全收的話，就顯示他在理解「比喻性說法」這方面可能遇到很大的困難。

在這種情況下，如果想與孩子進行有效的溝通，父母在與孩子對話時，應該仔細說明具體的細節，告訴孩子是在哪個情境下、出於什麼原因。以下介紹五個代表性實例。

♥當孩子無法理解「等一下」

與其說「你稍微等一下」，不如一起看著時鐘講出精確的時間，對於這樣的孩子來說，這是更方便理解，也更簡單的表達方式。舉例來說，如果對孩子說「我們待會兒去幼兒園吧」的話，孩子往往很難判斷「待會兒」是什麼時候；在這個情境下，媽媽要明確地表達「當短針指到九時，我們就去幼兒園吧」，孩子就更容易理解了。年幼的孩子可能還不會看時鐘，在這種情況下，可以給孩子數字，告訴他們出發的時間。

❤「多吃一點」這句話對孩子沒有用

面對不好好吃飯的孩子，與其說「你多吃一點吧」，不如把次數表達出來，告訴孩子：「你再吃三口吧！」孩子會更容易理解。另一個類似的例子就是刷牙，與其說「你要好好刷牙」，不如具體地說「每天要刷三次牙」或「睡覺之前一定要刷牙」，告訴孩子準確的次數和做法，才會對他們產生幫助。

❤避免說出「快要累死了」

若在孩子面前使用「我快要累死了」或「我辛苦到快死了」之類的比喻性說法，會讓孩子感到不安，所以絕對不可以使用。若是孩子不懂比喻和象徵，會按照字面意思來理解，以為父母真的會死掉。在這個情境下，父母如果可以根據孩子的特性，適當地單純表達「我今天好辛苦」或「我今天好累」的話，孩子就能輕鬆理解，比較不會產生混亂。

慢郎中與急驚風

當孩子表現出一副慢條斯理、做事慢吞吞的樣子時，父母可能會以話語加以督促，但孩子往往很難理解「快一點」、「慢一點」這些抽象的語句。在這個情境下，我們可以透過孩子平時喜歡的具體物品或活動，來取代抽象的語句表達。舉例來說，如果是對火車有興趣的小孩，我們就可以把「慢一點」這個句子比喻成區間車，把「快一點」比喻成自強號，只要用孩子容易理解的直白說法或眼睛看得到的詞彙來進行，孩子就更容易理解了。

結束遊戲時間

當孩子正在和朋友玩耍時，最好可以提前告訴孩子結束遊戲的時間，不要突然叫他們停止。很多父母都會突然要求孩子停下來，並催促孩子「是時候該回家了」，但大部分的孩子都不喜歡這種情境，尤其是那些會判斷狀況的孩子，更是難以忍受驟然的情境轉折。

對於這樣的孩子，應該要提前告知遊戲結束的時間，幫助孩子達成情境轉換。舉例來說，我們可以把時鐘展示給孩子看，提前告知「我們玩到長針指到數字五為止」，如此一來，孩子就能一邊觀察數字，一邊斟酌需要結束遊戲的時間，屆時就可以較無抗拒地接納情境轉換。

如上所示，如果孩子無法正確掌握意思、難以接納，父母就應該更冷靜、更細心地讓孩子信服與理解。這裡需要注意的是，即使孩子對語句產生了不同的理解，也不要感到憤怒，或以否定的言語傷害孩子的自尊心。

親子溝通，是社會溝通的起點

每個孩子都有各自的特質和與生俱來的個性，有的孩子只要父母說聲「啊」就能連帶理解下一句話，但有的孩子沒辦法區分「啊」究竟是開啟對話的表現，或只是狀聲詞而已。

這些都沒關係，若父母明白、理解孩子的特性，適當地進行溝通，親子互動就能圓滿順利。只要我們不急著指出孩子的問題，並用負面言語傷害孩子，就可在溝通的過程中，讓孩子學習與世界溝通的方法。

親子之間的溝通是所有社會溝通的起點，若要孩子在與父母互動的過程中感受到溝通樂趣，就可以健康地成長。唯一能為孩子打開與世界溝通的大門之人，正是父母；若想達成良好的社會互動，在面對他人的話語時，傳遞、解讀訊息的能力十分重要，而這項能力的第一步，就需要親子同心協力完成。

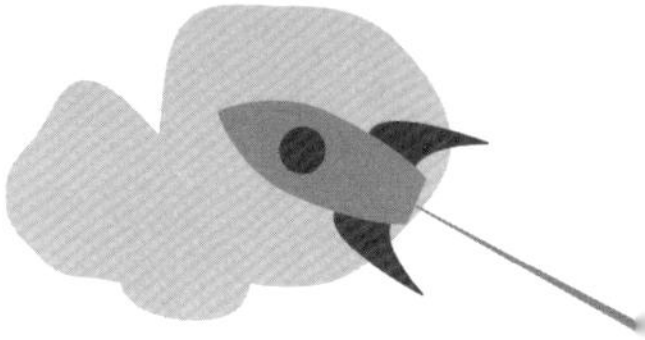

不要將孩子拿來比較

兄弟姐妹是永遠的關係，父母必須分清楚手足與親子之間的界線，維持教養天秤上的重心，避免落入學齡手足的競爭圈套。

肯定孩子具備的優勢與個性

養育兩個以上孩子的父母，往往都會有類似的煩惱，那就是明明是同一對父母、同一個肚子裡生出來的，但手足的性格卻天差地遠，以至於在養育每個孩子時，都還是不得不面對陌生的新問題，讓許多人吶喊：「養育老大時的經驗，對老二根本行不通啊！」

舉例來說，即使是同卵雙胞胎，兩個孩子的特質也可能截然不同，一個孩子可能具有靜態特質，另一個孩子可能出現非常動態的特質。在面對這樣的孩子時，我們需要特別注意，以同等的份量來尊重每個孩子的特質。

假設在兩兄弟中，大兒子比較靜態，二兒子比較動態的話，兄弟之間的互動可能也會伴隨著困難；因為根據特質不同，孩子各自承受的壓力形式也不太一樣。以比較動態的弟弟來說，因為他比較活潑好動，所以父母或許會比較常指責弟弟的行為，但這很有可能是錯誤的判斷，因為父母先養育了靜態的大兒子，接著才碰到動態的弟弟，所以父母很有可能把大兒子當成標準，繼而導致這樣的結果。

而在靜態的大兒子面前，我們也最好不要過分指責、教訓弟弟的問題行為。父母如果在兄弟間僅僅指責和教訓其中一方，只會導致另一個人加倍檢視、突顯對方的問題行為而已，在這種情況下，不僅挨罵的孩子會感受到不愉快的情緒，旁觀的孩子往往也會連帶產生不好的情緒。

這不只會阻止哥哥對弟弟抱持好感，也更加導致弟弟認為父母是折磨人的存在，對兩個孩子都沒有幫助。在父母不在的情況下，感情不睦的兄弟很有可能產生不愉快，哥哥會模仿父母的樣子過度數落弟弟，而弟弟面對哥哥繼父母之後接連不斷的責罵，更會助長他的反抗心理，導致兄弟之間產生裂痕，關係隨之崩潰。

如果經常重複這樣的情形，就會引發兄弟間頻繁的爭吵，破壞手足情誼，也難以見到兩人和睦相處的場景。若哥哥過度數落弟弟，父母就需要明確告訴他「這件事情是父母的職責」，父母確實有義務糾正、指導孩子錯誤的行為，但以哥哥的角色來說，試圖像父母一樣指責或教訓弟弟的想法是不對的，這點一定得要分清楚才行。

如果父母沒有好好履行職責，兄弟姐妹間的關係可能就會迷失方向，甚至在孩子長大後，成為阻礙他們保持良好關係的因素。無論如何，父母都應該好好扮演關係的帶領角色，適時引導孩子，讓孩子們保持良好的關係。

家庭是一個小小的社會，如果孩子不能與父母、手足順利建立正常的關係，在與他人建立關係時，就會遭遇到更為巨大的困難。我們要告訴孩子，兄弟姐妹是永遠的關係，父母必須分清楚手足與親子之間的界線，這就是在教養天秤上維持重心的方法。

不要落入學齡手足的競爭圈套

在養育兄弟姐妹時，家長有一件事應該格外謹慎，那就是如果兩個孩子在學習能力、成績上有所差異時，對於此事要徹底保持沉默。在進入小學後，孩子就會根據天生的特質，表現出不同的學習態度、樣貌，並得到相異的結果；此時，父母很容易做出愚昧的舉動，把功課較差、對學習不感興趣的孩子拿來和另一個孩子進行比較，這種態度絕對必須避免。

我們不可以過度放大檢視學習成果、評判孩子，一邊無止境讚揚一個孩子學業上的優秀表現，一邊數落對學習沒什麼興趣的另一個孩子。此外，若父母落入了手足所設下的「競爭圈套」，導致教養重心產生偏離，就連親子關係都可能產生動搖。

父母應該告訴孩子，現在自己眼前的兄弟姐妹絕對不是「競爭者」，無論是手足關係，還是家人的關係，都是能彼此互相填補不足之處、給予幫助的同一個團體。如果過度把光芒照射在其中一個孩子身上，另一個孩子就會被那道光芒產生的陰影掩蓋，造成反效果。

父母的一句話：「明明是從同一個肚子裡生出來的，怎麼就你不一樣？」往往會在孩子的心裡留下深刻的創傷。

這句話會讓孩子在心裡產生熊熊燃燒的怒火，不信任感也隨之萌芽。孩子的怒火會化為傷口，留下傷痕，一直延續到成年之後。如果連家人也不願意肯定自己的存在，孩子會覺得自己的存在毫無價值，讓自我肯定感的根基漸漸失去作用，再也無法獲得成長與正常發展，漸漸失去力量。

無論學業成績如何，父母都應肯定每個孩子擁有的不同天賦，並給予相應的讚美與鼓勵。孩子的天賦有各式各樣的可能，有的孩子具備出色的學習天賦，有的孩子則擁有擅長體育等天賦。

「○○喜歡讀書，所以應該能累積各式各樣的知識吧！」、「○○真的很認真在運動，體態管理實在是值得嘉許！」我們應該對每個孩子的強項給予肯定和鼓勵，表現出尊重的態度，孩子們也會因此自然而然地真心祝賀對方，一起感到高興。父母教給孩子那份懂得尊重與肯定的心，會成為孩子與他人共同生活時不可或缺的寶貴教誨。家庭中兄弟姐妹間深耕的那份尊重根基，在孩子進入社會後，往往也會發展為尊重與關懷他人的思維根基。

給予孩子需要的東西，而不是父母需要的

父母要根據孩子的發展，為每個孩子提供各自需要的東西，不需要為了「公平」一起見，而給予所有人相同的對待。由「公平」這個單字所引發的衝突，在雙胞胎或年紀相近的兄弟姐妹之間也很常見。

父母在對待孩子們時，不需要時時刻刻追求公平，讓每個人拿到的都一模一樣；只要根據孩子的年齡和特質、配合需求，堅持適當的養育態度就可

以了。我們要做的，是考量孩子的發展與年紀，為每個孩子提供「各自需要」的東西，唯有如此，手足才能達成均衡的發展。

有時父母為了保持心理上的平衡，會把「公平」當成武器，堅持為每個孩子提供相同的東西，然而這種統一真的公平嗎？滿足得了孩子感受到的所有需求嗎？再者，孩子們真的覺得這樣公平嗎？

根據各自特質，每個孩子需要的東西也有所不同，若父母為了心理上的平衡，為孩子提供一模一樣的東西，那麼每個孩子的個性就會隨之消失。此外，特意買給兄弟姐妹差不多金額的玩偶、衣服、足球鞋、籃球等，也是不必要的平衡。

父母或許會權衡自己內心的重量，試圖調整到差不多的金額，但假設一個孩子想要昂貴的玩偶，另一個孩子則想要普通的粉蠟筆，那麼父母就應該理所當然地接納這兩者，視之為相等、公平的待遇。

即使買給一個孩子昂貴的東西，買給另一個孩子便宜的東西，我們也完全不用為此感到抱歉，或為了調整金額，多送一些不必要的禮物。有時父母在購買衣服或鞋子時，會聽取孩子其中一方的意見，然後買給另一個孩子一模一樣的東西；我們也常常看到有的父母貪圖方便，或者堅持自己的喜好，不尊重每個孩子各自的喜好或個性，尤其當孩子是雙胞胎，或者年紀相近的兄弟姐妹時，特別容易產生這種現象。不是每個孩子都擁有相同的喜好和個性，每個人喜歡的東西都不一樣，也突顯出與生俱來的特質。

即使孩子們年紀相仿，在補習班或習題講義等選擇上，父母也應捨棄貪圖管理方便的態度，避免把老二直接送去老大上的補習班等行為。我們必須考量孩子的學習模式特質和他們自己的意見等因素，為孩子提供需要的東西。唯有父母尊重孩子的個性和特質，對孩子的選擇給予尊重與肯定，才能做出不後悔的決定。

如果父母為了自己的方便隨意幫孩子做選擇，到頭來就只是送孩子去補習班、幫忙繳學費而已，對孩子來說是沒有任何成效的。如果我們從小尊重每個孩子的個性，並為孩子提供自己決定的機會，孩子除了可以體驗到更廣闊的世界外，也能培養根據自身特質、個性進行抉擇的能力。

無論父母還是孩子，都是無法挑選對方的

父母往往會把「手心手背都是肉」掛在嘴邊，但有些孩子根本不同意這句話，因為有的孩子符合父母的喜好，也有的孩子跟父母不太合，一天到晚發生衝突。

雖然有的孩子讓父母不甚滿意，或者因為與父母喜好相左而發生衝突，我們都要銘記在心：「孩子是無法挑選父母的。」即使是與自身喜好不同的孩子，父母也應該懂得包容，這就是為什麼父母在把小孩生下來時，必須背負責任感的原因之一。

如果一個人對符合自己喜好的孩子敞開心扉，對不喜歡的孩子關上心房，那他就沒有當父母的資格。只要想想那些不符合父母喜好的孩子內心感受的痛苦，就知道這是絕對不允許發生的事情。即使是不符合自身喜好的孩

子，也要抱持著愛來擁抱和包容，孩子才有辦法茁壯成長，當你抱持這份心態時，才有資格說自己成為了真正的父母。

父母也只是人，所以往往會希望養出符合自身喜好的孩子，不想養出個性相反的孩子。

但是，站在孩子的立場上也是如此。就算遇到不符合自身喜好的父母，或者因個性不合而不願意好好理解自己的父母，依然得接受他們的扶養；這樣的孩子可能要比父母多花好幾倍的耐力，才有辦法生活下去，因為不管是反抗父母，還是違背父母的意願，都十分辛苦；也許在內心深處，孩子早已疲憊不堪也說不定。此外，孩子往往會從父母的非語言表現（行為、表情），完整感受到父母對自己不滿意的事實，可能因此受到傷害。

當孩子不符合自己的喜好，或者個性完全相反時，我們一定要記住，站在孩子的立場上，或許也同樣感到痛苦和疲憊。

孩子此刻需要的關心和話語

在小學四年級時，我感受到急遽的身體變化，那是一段想法開始變得複雜而繁瑣的時期。回顧當時那段極度貪吃的日子，現在好像稍微可以理解自己為什麼會變得這麼克制不住嘴巴。

當時我有了一個年紀差很多的弟弟。在弟弟出生前，我一直享受著「老么」的榮耀頭銜，但當弟弟一出生，我就顯得「太大了」，也漸漸失去了家人關注的眼光。現在回想起來，這是再自然不過的事情，也是不得不接受的事實，但當時的我非常嫉妒、憎恨弟弟。如果，當時我好好傾聽自己解釋嫉妒的原因，承認自己產生這樣的心情，應該就不會在如此漫長的歲月裡一直對弟弟感到嫉妒了——我當時的心胸實在是太過狹窄而淺薄了。

隨著年級上升，要學習的量越來越多，我很努力卻無法得到相應的結果，雖然想得到父母的肯定，但成績跟不上讓我的自我肯定感越來越低。相較之下，這個小巧可愛、父母老年得來的弟弟，獨佔了全部的注意力，導致我的位置變得無比狹小……就這樣，我開始用食物填補內心產生的寂寞和空虛，體格因而開始急遽發胖，身體與內心都變得越來越不美麗。

如果孩子需要關心的陽光，就會以某種形式試圖讓父母知道，比方說改變睡眠模式、飲食習慣、衣著打扮、表情、語氣等，都有可能是孩子正在動用一切手段博得父母關心。此時最重要的是，父母在一開始就必須聽懂孩子的心聲。如果孩子突然克制不了食欲，在以負面言語否定孩子之前，首先應該審視孩子的內心，傾聽他真正的心聲，我們必須仔細觀察孩子，是不是真的肚子餓到控制不住的地步。

年幼的我選擇了用食物來填補飢餓的內心，一邊表現出貪吃的樣子，一邊想著「至少不要讓這件事情被人剝奪」，並藉由「我有能力隨心所欲地填滿我的內心」這種反抗心態，向父母示威。我認為，在父母的控制下而封閉、隔絕的內心，在我偷吃零食的同時，實現了「至少這件事情可以讓我隨心所欲」的目標。

看到我這個樣子，父母十分擔心我的健康，而看到逐漸增加的體重，更是對我的心理狀態感到憂慮。即使非常明白這個事實，我依然認為父母的關心只不過是想控制我的話語，於是漸漸關上心房。我想要聽到的，不是擔心我健康、外貌的話語，而是充滿溫暖愛意的深情話語。

父母越是控制，反抗心理的種子就越容易在孩子心裡生根、發芽，如果看到自己的孩子表現出這樣的行為，我不會對他說「你該減肥了」、「不要再吃了」，而是會投以「最近怎麼樣？」、「你會不會覺得很累？」等溫暖的話語。只要用溫柔的眼神詢問孩子為什麼會這麼累、為什麼心情會這麼寂寞的話，孩子就能感受到安全感。

如果孩子感到徬徨，我們不妨試著用親切溫暖的口吻，詢問孩子現在需要的是什麼，正在折磨孩子心靈的是什麼吧！身為父母，就應該努力傾聽孩子真正的心聲；而孩子內心的答案，也許出乎意料地簡單也不一定。

父母的一句話，足以改變孩子的人生

越是對孩子投以控制的話語，孩子的行為越容易出現反效果。如果孩子接收到負面言語，心中對父母的反抗情緒就會越來越強烈，這會導致負面種子的萌芽，孩子也會照著父母負面的言語成長。

舉例來說，如果父母用「你這麼不愛讀書，長大以後要怎麼辦？」來打擊孩子，孩子反抗心理的種子會漸漸萌芽，或許故意真的讓父母的話語化為真實。相反的，在看到孩子有所不足的樣子時，若父母能投以「你做得很棒」、「加油！」、「你一定做得到」之類的正面話語，聽著這些話長大的孩子，即使再疲憊、再艱難，也會為了回應父母的話語，而湧現出全力以赴的動能。

父母是孩子能依賴的第一座靠山，也是最後一座靠山。如果孩子出現異樣，與其一味責備、數落孩子，不妨先了解孩子最近是否遇到什麼困難，有沒有什麼讓孩子內心感到不舒服的事物。

在感覺到孩子的態度發生變化時，若想傾聽孩子的內心，只要積極嘗試溝通，給予孩子支持就可以了。孩子會感受到父母努力與自己溝通的心意，不過疲憊的孩子當然很難與父母溝通，在這種情況下，不妨暫時放下「只有對話才能達成溝通」的想法，轉而尋找其他管道吧！溝通的形式非常多元，比方說用小紙條向孩子表達想法，或透過手機訊息傳遞溫暖的心意……都是很好的方式。

藉由孩子喜歡的主題，打開封閉的溝通之門

只要試著稍微想一想，就能找到許多溝通的方法，像是根據孩子的喜好，贈送貼圖與孩子溝通，或一起觀賞孩子喜歡的歌手演唱會，藉由孩子喜歡的偶像周邊商品來引起興趣，和孩子聊聊天也是個好主意。

不要覺得世代不合、彼此有所差異就拒之門外，讓我們把雙方的喜好當作材料，試著找出打開話題的契機吧！

「孩子只要乖乖聽父母的話長大就好」的時代已經過去了，如果父母願意表現出與孩子一起加油的態度，孩子也會努力敞開心扉，這就是親子彼此開啟真誠溝通的關鍵。

尊重孩子選擇的未來

父母那個世代的風貌，與孩子這個世代的世界不同。而對孩子來說，無論是父母提示的道路，還是自己想走的道路，都是沒有走過的道路。

被父母設定框架困住的孩子

在孩子五～七歲準備上小學的階段，父母雖然腦袋裡知道每個孩子的發展速度各不相同，內心卻時常無法接受。在這個時期，父母的心往往會開始忙於建立「想像中應該達到的目標」，像是為了讓孩子適應小學，根據自己設立的目標而開始購買習題講義，或送孩子去補習班。

此時，當看到同年紀的孩子在認字和數字時，父母的心情就更加焦急。

他們往往會認為，如果不多多調查習題講義和補習班的資訊，就是沒有給予孩子任何幫助、不負責任的媽媽，藉此將自己的行為合理化。其實，只要根據孩子的發展階段給予適當的教育，對於孩子來說就是很好的經驗——不過，也有不適用的情況。

舉例來說，有些孩子可能發展得比同年紀的人慢很多，父母也很清楚這一點。此時父母應該設定的目標，不是把重點放在學習上，而是要讓孩子養成基本的生活習慣，這才是更為現實的方案。對孩子來說，這件事情遠比學習能力更為重要，若媽媽設定了跟同齡兒一樣的學習類型目標，孩子就會常常在學校生活陷入困難的處境。

此外，有些孩子才剛學會數數，父母就想把他們送去上學，如果此時的孩子還沒能正確理解算術的話，其實不應該強迫他們，否則孩子雖然能學會數字的數法，但不代表孩子真的理解了，很可能只是孩子機械性地背起來而已。如果父母誤解了孩子的程度，要求孩子進行更高階的學習、買了高一級的習題，面對無法理解的講義，孩子往往一下子就喪失興趣，在進入小學前，與「學習」形成隔閡的機率也隨之上升。

利用小熊軟糖學習算術遊戲，加倍有效！

對孩子來說，重要的是讓他們了解數字的概念，而不是加法、減法。如果孩子很難學會計算和理解數字，與其用習題講義將數字抽象化，不妨讓孩子像是在與媽媽玩耍一樣，自然地學習數字的數法。舉例來說，在與媽媽一起玩「吃小熊軟糖」遊戲的過程中，一邊數軟糖有幾個，一邊自然地理解數字，這或許也是個好方法。與其一味地叫孩子反覆照著習題講義做，不如在與媽媽的遊戲中學習，對孩子來說不只更有趣，也更容易理解。

當日常生活中，父母可以在與孩子一起煮飯、洗澡、吃飯或換衣服時，在自然的環境中教導孩子算術的概念。若家長要求孩子機械性地學習數字的數法，有可能出現的問題，就是孩子無法正確理解數字的概念，只能透過死記硬背的方式來學習。

1
2
3

要釐清這種差異的方法很簡單，只要讓孩子把標有數字的代幣或卡片排成一列，然後去掉其中一、二個數字，再請孩子把數字讀出來就可以了。如果此時孩子沒有察覺到被去掉的數字，直接把數字從一讀到了二十，那就可以認定孩子只是機械性地把數字背下來而已，並不是真的學會了數字的數法，此時應該立即停止這種學習方式。

父母應該要以「孩子慢慢來也沒關係」的態度，放下焦急的心情，以自己的孩子為標準，給予孩子信任與支持，即使是發展緩慢的孩子，一定也正在成長茁壯中。在孩子開始上學前，父母應該教給孩子的重要課程，不是加強準備上小學的學習能力，而是建立準備上學的生活習慣。

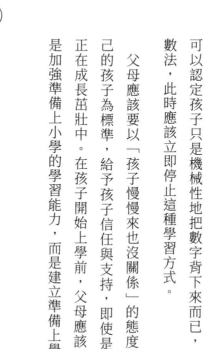

生活習慣，應該擺在學習能力之前

那麼，孩子在上小學前需要建立的日常生活習慣有哪些呢？最重要的就是排便處理，其次是學習用餐禮儀、養成正確的睡眠習慣等基本的生活方式，才能夠順利適應學校生活。

♥如何表達去洗手間的需求

第一點，我們首先應該教孩子如何在排便訊號出現時，正確傳達意思。孩子表達的方法分為非語言表現和語言表現，前者是用舉手或表情來表達，對訊號傳遞也有幫助。有的孩子會因為難為情，在上課時間選擇忍耐，結果釀成大禍。為了處理這種情況，父母應該教導孩子，排便活動絕對不是一件丟臉的事情，不要選擇忍耐，而是要安靜地舉起手，清楚地跟老師表達意思。

如果經常看到孩子表現出忍耐的樣子，父母應該要告訴孩子，當身體發出訊號時，一味地忍耐對身體來說非常危險，所以就算是上課時間，如果很緊急的話，最好趕快安靜地舉手去廁所。只要像這樣養成習慣，孩子即使遇到類似的情況，也能夠順利解決。如果可以親子共讀有關排便的童話書籍，根據情境交換想法的話，孩子也會獲得很大的幫助。

小學低年級的孩子在排便處理上可能會表現得比較不成熟，父母如果想讓孩子獨自處理好排便的話，最好試著在家裡持續練習。

❤養成規律的睡眠習慣

規律的睡眠模式有助於讓孩子達到充分的休息，對孩子的成長也扮演非常重要的角色。要讓孩子打從一開始就養成有規律的睡眠習慣是很困難的，但只要設立一定的規則，逐漸培養，不僅有助於孩子達成健康的睡眠模式，對成長與發展也有很大的幫助。

舉例來說，當孩子在睡前刷完牙，換上睡衣後，我們可以拿著一本書到床上，或者親子有意識地共享專屬的睡眠時間，這會成為一種規律的習慣，促使孩子自然入睡。

如果因不規則的睡眠模式而賴床，導致上學常常遲到，孩子會養成不好的習慣。比起解開一道加法題目，養成正確的睡眠習慣，以及每天早上不遲到、準時上學的那份身為學生的態度，更為重要。經常性遲到的習慣與孩子的責任感有關，為了不要遲到、試圖早點睡覺的想法本身，對孩子來說也是重要的一課，甚至具有更高的學習價值。

♥學習用餐禮儀

學校會提供營養午餐，如果孩子沒有養成良好的用餐習慣，可能就會遇到很大的困難。我家老大學會筷子握法的時間比較晚，當時出於擔心孩子不會用筷子、或許沒辦法吃午餐的心情，我沒有等到孩子適應那個環境，就另外包了孩子會用的兒童筷子送過去。因為錯誤的判斷，我沒有給孩子學習的機會，選擇了迴避的方式。如果我更早體認到學習筷子的必要性，早點讓孩子在家裡練習，或是再多等一會兒，孩子必然能學會用餐的方法，但我卻剝奪了孩子學習的機會，利用「既然孩子這麼不方便的話，只要送兒童筷子過去就好了」這種安逸的想法，試圖合理化和包裝自己的心態。

即使孩子對筷子的握法還不太熟練，也可能不太感興趣，但是無論如何，父母都應該等待孩子自己適應環境，即使沒有兒童筷，孩子們也會努力用湯匙來適應環境；千萬不要因為媽媽過早的焦慮，讓孩子錯過學習的機會。

媽媽為孩子準備的兒童筷子，或許反倒破壞了孩子未來生活的穩定性。孩子真正需要的，是適應學校生活和團體生活的能力與勇氣，而父母應該做的，是給予孩子信任與關心。

不要以父母的經驗來判斷孩子的世界

今天，孩子也為了達到父母規定的標準而感到疲憊不堪。在父母眼裡，若判斷自家孩子的進度比別人更快、更好時，就會把更多的能量投注到孩子身上。也許我們都曾看著孩子快速成長而感到雀躍，不過那只是父母自身的期待而已。父母不應該為孩子帶來負擔，只要支持孩子的夢想，引導孩子踏上那條路就足夠了，孩子可以朝著那條路勇往直前，也可能同時發現全新的道路，往另一條路奔去，這完全出自孩子自身的選擇。

父母往往會透過讚美來包裝，不斷地要求孩子，讓孩子朝著父母設定的基準點前進。當孩子聽到父母飽含期待的讚美時，在內心的某個角落，往往會感受到一顆充滿鬱悶、負擔的氣球漸漸膨脹。雖然父母總說著「做不到也沒關係」、「想做什麼就做什麼吧」，但當孩子真的踏上自己選擇的道路時，父母往往又會投以焦慮的眼神，而不是給予信任與鼓勵，還會列舉踏上這條路時可能遇到的困難和問題等各式案例，花費力氣說服孩子重新思考。

父母往往會分享各種經驗談和建議，有時還會胡亂讚美一番，誤以為這些話會對孩子產生幫助，殊不知受到這種讚美洗禮的孩子，心裡只會感到非常不舒服；再加上若無法滿足父母充滿期待和讚美的要求，孩子就會深陷罪惡感和挫折感。父母往往會利用自己的成功經驗，以人生的提示為名義，不斷給予孩子建議，藉此說服、要求孩子——但是，這畢竟是父母自身的經驗和想法而已。

孩子真正需要的，是了解他們想走的路，引導他們朝著那個方向前進，同時給予信任與鼓勵的父母。只要相信孩子擁有的內在力量，孩子就會對此抱持感恩的心。

即將來臨的世界，與過去的世界是截然不同的

父母往往會希望孩子能朝著自己提示的「穩定職業」前進，但我們首先要承認一個事實，那就是「在孩子要生活下去的世界裡，父母所希望和期待的職業，並不一定能夠保證穩定」。因為世界正在迅速變化，而且更重要的是，孩子的人生是屬於孩子的，而非父母。

父母那個世代的風貌，與孩子這個世代的世界不同；此外，在當今這個世界上，親子的關係也已經變得平起平坐和對等了，因此我們應該滿足於扮演引導孩子走自己想要的路的角色，即使孕育孩子出生，也不能操縱孩子的人生。

父母或許是擔心孩子走上陌生的道路，所以希望孩子能夠沿著熟悉的途徑、任何人都覺得安全的方向平凡地前進——但是，對孩子來說，無論是父母提示的道路，還是自己想走的道路，都是沒有走過的道路。面對世界的變化，如果父母依然被束縛於過去，這樣的判斷或許會讓孩子在時代的洪流中遭到淹沒也說不定。

德國詩人兼哲學家尼采（Friedrich Nietzsche）曾說過：「在我出生的瞬間，我就擁有了拿自己人生做實驗的權利。」要讓孩子在人生中，透過更多經驗與學習獲得成長也許有點困難，但我們依然必須退後一步注視著他們，而這份決心需要的，正是勇氣。

Chapter 3

聰明管教，讓孩子願意改變

與其把焦點放在孩子的行為上，
更重要的是不厭其煩地傾聽孩子的心聲，
同時謹記，唯有發自內心，
管教才會完整，帶來正向的改變。

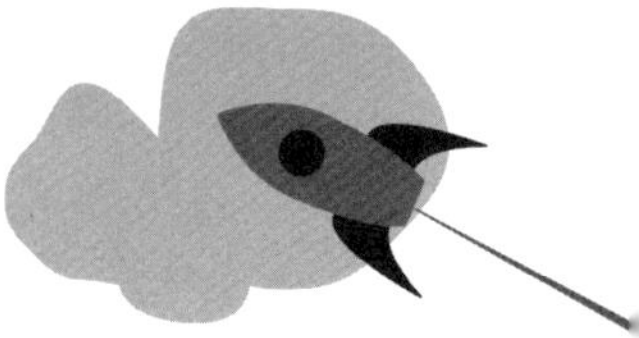

改變行為的管教，帶來變化的管教

真正的管教絕對不是單方面的訓誡，也不是忠告的話語，那種管教只不過徒有其表，無法打動孩子的心靈。

對還在爬行的孩子，也可以施行管教

父母或許不太清楚要從何時開始對孩子施行管教，不過即使是還在爬行的孩子，也是可以管教的。六～十二個月的嬰兒就會對媽媽的表情產生反應，所以可利用周圍的情緒反應來進行管教；即使是嬰兒，行為也會根據媽媽的表情而產生變化。

當孩子緊抓著沙發站起來，或試圖抓住電視櫃上的遙控器時，往往會抬頭看著媽媽。此時，孩子仰望媽媽的意義是什麼呢？當然是為了觀察媽媽有什麼反應。孩子會觀察媽媽的表情，這點可以解釋成孩子已準備好接受管教的意思。

一旦孩子開始學會爬行，活動範圍就會擴大，導致各種事故的發生，此時媽媽最好對孩子用一貫的表情搭配詞彙進行表達，讓孩子容易理解。

舉例來說，當我們說「不可以」時，可以同時搖頭，或露出面無表情的樣子；當我們跌倒或受傷，說「唉呀（好痛）！」的同時，臉上可以擺出皺起眉頭的表情。透過這樣的方式，父母就可以開始告訴孩子什麼是不該有的行為。

這裡的重點是，父母要告訴孩子「這個世界上不是每件事情都能如自己所願」這件事實。孩子會在無數次嘗試錯誤和反覆的過程中學習，而當父母以一貫的態度教導孩子時，孩子就能好好地練習這個過程。

適當的管教並不會破壞關係

唯有孩子乖乖地認同和接受，才稱得上是正確的管教方式，若想達成這一點，親子間就必須形成基本的依戀關係。如果沒有形成良好的依戀關係，孩子就不會願意配合媽媽說的話。這就是為什麼孩子心靈基礎工程的骨架，必須由對媽媽的信任來建立的原因。

那麼，當父母在管教孩子時，若不想破壞孩子心目中建立起來的信任與依賴感，應該要怎麼辦呢？

有一種方法是，父母不要只把焦點放在孩子的錯誤行為上，而是要先了解孩子是出於什麼樣的想法，才會產生這樣的行為，然後傾聽孩子的心，最後再解決問題。只要父母採取這樣明智的行動，親子關係就不會受到負面的影響。

舉例來說，弟弟在玩耍時不小心把哥哥完成的拼圖弄亂了，怒氣沖沖的哥哥用力推開弟弟，弟弟在摔倒後哭了起來。此時，若媽媽只把焦點放在

「推人的行為」上，一味地責備哥哥，情況就會再度惡化。明明花了好幾天努力拼出來的拼圖被弄得一團亂，自己不得不再次從頭開始拼，卻連媽媽都站在弟弟那邊，一想到這點，哥哥委屈的心情就會進一步放大，對媽媽的怨恨也會加倍。

不管多麼生氣，孩子毆打或用力推弟弟確實是錯誤的行為，這樣的行為當然需要施行管教；但由於媽媽不顧前因後果，一味責備哥哥，所以哥哥比起反省自己動手揍弟弟的行為，殘留在心裡更多的是委屈的心情。隨著反省之心的消失，對弟弟感到抱歉的想法也從腦海中絕跡了，因為在孩子的腦海裡，只剩下媽媽狠狠數落自己的模樣。到頭來充斥在孩子心中的，也只有對於弟弟的憎恨與憤怒而已，這都是由於媽媽不正確的管教方式所導致的。

在這種情況下，媽媽首先要做的，不是把焦點放在孩子的行為上，而是傾聽孩子的心情。因為好不容易完成的拼圖被弟弟弄亂了，所以哥哥感到傷心又生氣，我們應該要先理解這份心情，並且對他的失落感給予安慰：

「唉呀，這該怎麼辦才好？好不容易拼好的拼圖卻被弟弟給弄亂了，你一定覺得非常傷心。」我們首先要站在孩子的立場上，傾聽孩子所感受到的傷心與憤怒，下一步再指出孩子的問題行為，明確地告訴孩子，什麼是不該有的行為：「我知道你很傷心，但是不管再怎麼生氣，你都不可以毆打或用力推弟弟，這點毫無疑問是你不對。」

如果我們用這種方法管教孩子，哥哥或許就能夠踏上意識到自己的錯誤、跟弟弟道歉的自然過程。當然，媽媽也不可以忘記給弄亂拼圖的弟弟一個嚴正的警告。

「你應該要小心一點，這是哥哥多麼努力才拼出來的東西，你想他會感到多麼傷心呢？你也必須跟哥哥道歉。」媽媽可以像這樣來引導弟弟，化解兩人之間可能累積的恩怨。

正確的管教方式並不會破壞親子關係，如果讓關係受到負面影響，那就是錯誤的管教方式。父母應該牢牢記住，如果受到錯誤的管教，孩子就不能獲得正確的指引，也無法矯正自己的行為。

我們在孩子的心中留下了什麼呢？

單方面的填鴨式教育，就和不懂得傾聽孩子內心的管教一樣，會破壞孩子與父母的關係。父母需要做的，不是冷酷而嚴格的管教，而是讓孩子內心真正有所領悟的教導。那麼，我們應該如何定義真正的管教呢？

如果孩子透過父母的管教能夠獲得真正的領悟，進而讓行為產生變化，帶來改變的話，那就是真正的管教。前面提到的那個哥哥，被媽媽責備後是否也會反省用力推弟弟的錯誤行為呢？絕對不會。這是因為在孩子的心中，比起對於自身錯誤行為的反思，對媽媽感到失望和怨恨的心情更為深刻、強烈。

如果想好好管教孩子，在管教完孩子之後，我們應該仔細確認在孩子的心中留下了什麼。在前述的案例中，即使父母有先傾聽孩子的內心，再指出孩子的問題行為，還是應該小心翼翼地檢視在孩子的心中留下了什麼。如果父母以一貫的態度傾聽哥哥的內心，並給予正確的指引，那孩子對父母的信任，以及對於弟弟的歉意，都會原封不動地留在他的心裡，與領悟和反省一同成長。

我們千萬不可以忘記，真正的管教絕對不是單方面的訓誡，也不是忠告的話語，那種管教只不過徒有其表，是無法打動孩子的心靈的。

讓孩子心悅誠服的聰明管教

父母給予的管教，必須讓孩子的嘴巴、眼神達成一致，同時打動孩子的心。如果孩子嘴巴上說「我錯了」，但眼神卻溢滿著憤怒與輕蔑，就暗示這是失敗的管教。

想防止這種情況，就要極力避免「單方面的管教」。我們不妨給孩子說話的機會，詢問孩子為什麼會做出這種行為，當孩子獲得進行自我辯護的機會時，他就能感受到「正在與父母進行真正的溝通」。

假設有兩個孩子因為同樣的錯誤行為而受到了管教，不過其中一個孩子獲得「領悟」並進行了反省，另一個孩子的心中卻只剩下「憤怒與輕蔑」，為什麼會造成兩者的差異？孩子內心的活動又是如何變化的呢？

父母在管教孩子時，必須讓孩子帶著飽含歉意、罪惡感，以及受到理解與尊重的心情，產生「我一定要做出改變」的決心；有了這樣的心態，孩子才能獲得真正的學習機會。如果嘴巴上說「我錯了」，但眼神卻完全不是這麼一回事，那孩子就只是想擺脫這份讓人鬱悶和憤怒的情境，為了逃避而假裝承認錯誤而已，換句話說，我們很難期待孩子在未來會有所反省和改變。

父母在管教孩子時，都會期待能有好的結果，其實管教的成功之路並沒有那麼困難——讓我們好好記住，不厭其煩地傾聽孩子的心聲，同時謹記，唯有發自內心施行管教時，管教才會完整。

管教，必須根據發展階段進行

即使是同樣的行為，根據發展階段的不同，其成因也會有所差異。針對發展階段的行為，給予適當的管教與指導，孩子才能日益成長茁壯。

在管教之前，讓我們先學習發展項目吧

近年來，年輕父母通常會看很多育兒書和節目來學習怎麼帶小孩，卻對孩子在不同發展階段的實際行為缺乏了解。根據發展階段的不同，孩子會表現出各式各樣的行為特性，父母只要了解孩子處於發展階段的行為，就能事先推測，不會對孩子的行為產生太多的焦慮或不安；相反的，越是新手上路的媽媽，或對幼兒發展缺乏理解的父母，就越容易感到焦慮不安。

根據孩子特質不同，發展程度也會有所差異，即使是同一對父母生的，老大和老二的發展階段可能也各不相同。因此，無論孩子年齡大小，父母都應該根據發展階段來施行管教。

如果孩子還處於無法理解管教的階段，父母就應該積極讓孩子把注意力轉移到其他對象上，這樣才是明智的態度，比方說孩子在鬧彆扭時，就可以把他的注意力轉移到其他玩具或零食之類的物品上。

讓我們在腦海中想像一個在超市經常發生的場景吧！超市正是我們在生活中常需要對孩子施行管教的地方。一位媽媽幫孩子買了韓國卡通波露露（PORORO）的釣魚遊戲玩具，但過了一會兒移動到汽車專區時，孩子又要賴要媽媽買汽車。在這個情況下，媽媽應該怎麼做才好呢？

首先應該要做的，就是對孩子說：「你想要波露露汽車嗎？但我們已經買了波露露的釣魚遊戲了，所以今天就先不買，以後再買波露露汽車給你當生日禮物。」像這樣解讀孩子的心聲，接著再說：「要不要去買我們○○喜歡的嗨啾軟糖呢？」並抱著孩子離開現場。如此一來，孩子可能很快就會忘記波露露汽車，因為關注的對象已轉移到嗨啾軟糖上，所以也忘記了耍賴。

除此之外，只要父母一邊說「軟糖要買紫色的？還是粉紅色的？要葡萄口味還是桃子口味好呢？」，一邊把對話的主題擴大，給予更為具體的選項，孩子就會開始煩惱要選擇哪一種嗨啾軟糖，更加興奮地面對零食專區。如上所示，父母應該明確地告訴孩子被容許的範圍，唯有我們好好掌握孩子的發展階段，並施行相對應正確的管教方式時，父母管教的合理性才能獲得孩子的認同。

打造適合孩子成長的環境

在面對孩子出於好奇心而產生的行為時，如果頻繁使用「不可以」這種禁止句型，其實無法幫助孩子減少問題行為。孩子會持續不斷地探索世界，所以父母應該要做的，是把周遭打造成適合孩子的安全環境。

在認識世界的過程中，孩子們會出於好奇心和探索的欲望而不停闖禍，此時如果父母反覆對孩子說「不可以」，就等於從根本上斬斷了孩子的好奇心。在這個情況下，父母能為孩子做的，就是事先改變環境、預防危險發生。

舉例來說，在電源插座上安裝保護蓋、不要在孩子能碰到的地方擺放危險物品、調整書櫃高度防止孩子在拿書時受傷……等，都屬於這個範疇。

父母要扮演的角色，還包含在家庭環境中穩定地守護孩子。有的父母根本不管孩子的安全，只根據自己的喜好和個性來布置室內，沒有考慮到孩子的活動範圍和特性，這是十分安逸且不負責任的行為。這種情況下，父母當然會頻繁使用「不可以」這種句子，畢竟這無異於父母親自打造了危險的環境，再因此限制孩子的行為、阻止孩子的好奇心。

父母有責任保護孩子，為孩子提供適合成長的環境。因為孩子還不夠成熟，無法仔細記住、確認每個角落，所以我們必須營造出孩子容易察覺、警戒的環境和條件。正如同前例一樣，我們應該要以安全為優先，如果是不能讓孩子碰到的物品，比如尖銳的剪刀或刀子、玻璃飾品或小花盆等，就乾脆擺放在孩子搆不到的地方；與孩子身高相近的家具稜角處，也必須裝上軟軟的防撞條。

即使這些措施與漂亮的室內裝潢背道而馳，在孩子長大成人以前，我們都應該徹底遵守。隨著孩子的成長，身體會自然而然地發展，因為活動範圍漸漸擴大，需要遵守的事項就會增加，父母在家裡要注意的事情也會越來越多。

精準掌握孩子行為的成因

父母之所以必須根據孩子的特質與發展階段來施行管教，是因為即使是同樣的行為，根據發展階段的不同，其成因也會有所差異。

如果孩子把反覆扔東西、丟東西的行為理解為「遊戲」，那麼父母就不適合在此時責備孩子，反而是為孩子創造能盡情扔東西玩耍的空間或機會，或者幫助孩子全心全意投入這項活動。

舉例來說，我們可以為孩子尋找就算丟了也不會受傷的物品，滿足孩子扔東西的行為，對孩子的發展過程往往更有幫助。最好在客廳裡布置能安全扔球玩耍的球池，或者給孩子幾顆輕巧的橡皮球，讓他們可以彈到牆壁或地上玩耍。除此之外，海灘球類也很輕巧，具有足夠的彈力，足以成為適合孩子丟來丟去、盡情玩耍的玩物。

玩一玩這種把東西丟來丟去的遊戲後，在某個瞬間，孩子們就會對這種活動不再感興趣，丟擲物品的次數自然也會逐漸減少，邁向更為先進的遊戲方式，不過因為這個時間點每個孩子都有些微的差異，所以不用把既定的年齡當作標準。

另一方面，丟東西的行為有時也不一定是因為特定的發展階段，有些孩子會因為媽媽不理解自己的意思而亂丟物品，藉此表達鬱悶或憤怒的情緒，這應該視為典型反抗鬧彆扭的行為。

面對這樣的孩子，父母不可以跟著表現出激動的模樣，而是要以一貫冷靜的態度跟孩子說話。我們必須一邊注視著孩子，一邊明確地告訴他們，亂丟玩具是很危險的行為，絕對不可以這麼做。「你不可以亂丟玩具，如果有人在旁邊的話，可能就會被丟到，你也可能會受傷，所以絕對不可以亂丟。」我們可以用堅定而沉穩的聲音，像這樣明確地告訴孩子。還有，在孩子發脾氣時，最好不要直接離開現場，而是要保持距離，等到孩子消氣為止；接著當孩子平靜下來靠近媽媽時，我們只要給予溫暖的擁抱，同時再告訴孩子一次「不可以亂丟玩具，因為很危險」，讓孩子學會反思就可以了。

孩子無限反覆是正常的

孩子們因為年紀小，而且情緒尚未成熟，所以動不動就會耍賴，每當發生這種情況時，父母都必須反覆引導，幫助他們反覆學習，在父母的無限反覆之後，孩子才能夠有所學習和掌握。

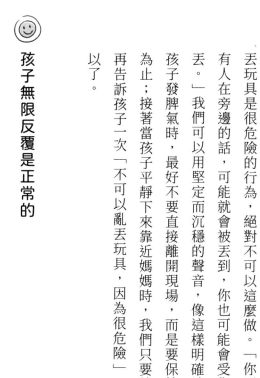

「媽媽（爸爸）到底講過多少遍了？」、「明明已經講過好幾次了，你怎麼還是這樣」……這類的話語是不適當的。

父母在管教孩子時，要時常考慮眼前的行為是否符合孩子的發展程度，以及當下的情境是否合乎孩子的水準，我們必須針對發展階段自然產生的行為，給予適當的管教與指導，孩子才能日益成長茁壯。

放任孩子為所欲為，並不是愛

在童年時期被當作幼兒特性一笑置之的事情，若在成為小學生後無法獲得接納，孩子感受到的困難將會更為巨大。

不是不會管教，而是不願意管教的父母

那是我去餐廳時發生的事情。有個孩子在餐廳裡跑來跑去，又把餐具盒裡的湯匙、筷子全部拿出來，而父母因為顧著聊天，也沒空照顧孩子。外場工作人員看到孩子的行為後，感到非常為難，因為孩子把其他客人要用的餐具通通摸過了一輪，導致他們不得不全部重新擦洗一遍。

孩子沒有發現自己把餐具全部拿出來的行為有問題，從那開朗的表情看

來，他只覺得這是可以排解無聊的小遊戲。在這個時候，其實父母應該告訴孩子，他的行為已超過了在餐廳必須遵守的底線——因為孩子很難自行判斷、意識到自己的錯誤。

那對父母應該當場積極介入孩子的行為，明確告訴孩子在餐廳必須遵守的規則，以及不可以有的行為與底線。然而，他們雖然發現了孩子的行為，卻未制止孩子的行為，也沒有道歉，反而讓孩子一邊把餐具重新放進盒裡，一邊和孩子玩起了數數字的遊戲。在孩子顯然需要管教的情況下，他們選擇了將孩子的行為遊戲化，跟孩子一起玩耍。看到這一幕的工作人員看起來明顯很不高興，但因為父母選擇了這麼做，所以他們也無法出面制止，感到十分為難。

在這個情境下，父母應該採取什麼實際行動才好呢？

首先，父母要帶著孩子，對餐廳工作人員說「對不起」，接著明確地告訴孩子，湯匙和筷子是吃飯時使用的東西，而且那是別人的物品，不可以隨便拿來玩。最後，為了避免孩子再次惡作劇，父母應該要把餐具盒拿到遠處，放在孩子看不見的地方。

我並不是說非得讓孩子一動也不動才行，而是除了餐具盒以外，還有其他各式各樣的物品可以給孩子們玩耍。

徹底清除孩子再次把餐具拿來玩的要素，接下來就可以創造替代的遊戲，像是跟工作人員借紙和筆來畫畫，或者用便條紙來玩摺紙遊戲，為孩子提供能專注在其他事物上的方法。

不要成為剝奪孩子學習機會的父母

即使是孩子想做的事情、就算孩子的行為沒有惡意，但若會對周圍的人造成困擾，父母就應該立即告知這是錯誤的行為。

在前例的情境下，父母並非不會管教，而是根本就不願意管教。無條件放任孩子為所欲為的父母，其實是孩子成長的道路上最大的阻礙，因為當孩子在公共場合違背禮儀、規則時，父母有責任透過適當的管教，告知應該、不應該做的行為界線，但他們完全沒有意識到這一點。

啟蒙運動時期的法國哲學家與教育學家尚—雅克．盧梭（Jean-Jacques Rousseau）曾說過：「要讓孩子陷入不幸最確實的方法，就是無論何時、無論他想要什麼，都馬上滿足他。」父母如果採取放任的態度，在應該教導孩子時沒有好好教導他們，是不是也剝奪孩子學習的機會呢？

孩子的行為習慣是在幼兒時期形成的，根據父母的管教態度，孩子的行為方向也可能有所改變。等到孩子脫離家庭的圍籬，與他人共同生活時，父母以往放任的態度真的能產生幫助嗎？答案是否定的。父母應該讓孩子知道，適當的控制也是愛孩子的一種表現。

父母必須引導孩子從小學習符合時間、場所的適當行為，以及在面對其他人時要遵守的規則與態度等，讓孩子不會產生混亂，希望各位務必謹記在心。

一時的選擇，往往會成為孩子的習慣

從某個時候開始，可以看到孩子在餐廳裡的場景發生了很大的變化，那就是大人們吃飯，孩子們沉迷於智慧型手機的景象。在公共場所裡，父母最難教育年幼孩子的事情，就是讓他們乖乖坐下來吃飯，因為孩子們常常會鬧彆扭或大吵大鬧。不過最近的父母們有一個祕方，那就是把智慧型手機交到孩子手上，原本因為無聊而鬧彆扭的孩子，往往就瞬間安靜下來，簡直是見證魔法誕生的時刻。

大家對智慧型手機的危害往往充滿擔憂，但若孩子在公共場所大吵大鬧，父母也是感到很為難，所以會一臉無可奈何地抱怨，為了讓孩子至少能在吃飯時間保持安靜，他們不得不把智慧型手機交給孩子。然而，當孩子看到智慧型手機的那一刻，他們就無法把注意力放在環境中，只會一個勁兒地盯著液晶畫面，結果就上演了孩子專心致志地看著智慧型手機，媽媽把食物餵到孩子嘴裡的景象——但父母們應該不是為了上演這一幕，才安排全家一起外出用餐的吧？

出於在公共場所一定要遵守禮儀的心態，家長雖然知道對孩子不好，但還是把智慧型手機交給了孩子；殊不知，此時等於是在引導孩子養成「吃飯時間可以看智慧型手機」的不良用餐習慣，而非好好坐著吃飯的習慣。

小孩是很容易把任何時刻的行為化為習慣的生物，因此我們一定要記住，父母藉由短暫思考做出選擇的那一瞬間，往往會在未來留下很大的副作用。父母可能認為這是安撫大吵大鬧的孩子的最佳辦法，但其實這只是最「簡單」的方法而已。媽媽或爸爸本來可以用其他方式來轉移孩子的注意力，教導孩子用餐禮儀，但他們選擇了輕鬆的方式。若不改變這個方式，一時輕鬆的代價，就是導致孩子養成不良的用餐習慣。

用沙漏來養成用餐習慣

孩子不是能靜靜坐著不動的生物，期待孩子保持文靜是貪婪的想法，也是沒有道理的期望。若要在公共場所吃飯，父母應提前預測狀況，並做好準備。預測孩子會有的行為、孩子覺得無聊的時間，並準備能應對這些問題的物品，這才是明智的父母該做的事情。舉例來說，在外出時，我們可以帶上孩子喜歡的書、玩具，或能讓孩子沉迷其中的繪本等。

孩子們在餐廳時，除了智慧型手機以外，還有許多不讓孩子們感到無聊與厭煩的方法。只要放二、三種孩子喜歡的物品在背包裡，既可以教導孩子用餐禮儀，也可以養成好的習慣。

孩子們當然還不夠成熟，所以父母應該把注意力放在調節能力的培養上，讓孩子即使坐著也能耐得住時間的考驗。我推薦三分鐘沙漏，在沙子從上面掉到下面的三分鐘裡，要求孩子忍住某種行為，接下來只要重複個幾次，逐漸增加次數的話，就能夠讓孩子練習調節能力。

在餐廳裡使用沙漏的方法非常簡單，首先拿出沙漏，接著對孩子這樣說：「我們來玩沙漏遊戲，這個遊戲就是要靜靜地坐著吃飯，直到沙子全部從上面掉到下面為止，你和哥哥一起玩，誰要先開始呢？」

接下來父母只要引導孩子吃飯，直到沙子全部掉到下層為止就可以了。

如果是獨生子女的話，父母不妨這樣跟孩子提議：

「在沙子從上面掉到下面前，我們來吃兩湯匙的飯和兩口菜好不好？」只要像這樣，把吃飯時間改造成有趣的遊戲時間就可以了。

沙漏的使用方式可根據孩子的發展階段進行調整，比方說，如果是哥哥的話，就讓沙漏由上至下一次，翻過來再一次，利用這種方式讓他吃共計兩次（六分鐘）的飯，弟弟的話就讓他吃一次（三分鐘），只要按照孩子的階段選用不同的次數就可以了。需要注意的一點是，如果有兩個孩子，就要準備兩個沙漏；如果有三個孩子，就應該要準備三個沙漏，因為孩子可能會意外地在享受這個遊戲的過程中，試圖相互競爭。

「哥哥用了兩次沙漏嗎？那我要用三次！」如果孩子像這樣子比賽吃飯的話，相信當天的外食就會停留在所有人的記憶裡，成為一段愉快的時光，而不是無聊且令人煩躁的時間。

把玩具放進包包裡，代替智慧型手機

如果年幼時沒有加以適當的管教，那麼當孩子成為小學生以後，不成熟的行為就會加倍明顯。正如我們在第二章提到，若在沒有養成良好生活習慣的情況下進入小學，孩子們往往會覺得無法適應，在校園生活中通常也會遇到困難。

父母應該要認知，在童年時期被當作幼兒特性一笑置之的事情，若在成為小學生後無法獲得接納，孩子所感受到的困難將會更為巨大。

除了前面提到的沙漏之外，還有許多遊戲可以讓孩子在不給周圍帶來困擾的前提下，享受快樂的時光。比如人物著色遊戲、紙上迷宮、迷你拼圖、貼紙遊戲、孩子喜歡的書本等，都方便簡單進行，建議外出時把孩子喜歡的物品也帶在身上。如果媽媽沒有事先準備好，常常出於著急的心情反覆拿出智慧型手機的話，現在就是為孩子在包包裡準備用品的時候了。

父母的必修課：控制情緒，並展現出一貫性

孩子們產生的「情緒」並沒有錯，父母常常會犯一種錯誤，就是不會區分孩子的情緒表達與孩子的錯誤行為，將兩者放在一起檢視。

每個人都有過年幼的時候

父母在準備管教孩子時，必須區分自己究竟是在施行管教，或只是在發脾氣。舉例來說，用簡短、明確、開朗的聲音慢慢說「你不可以這麼做」，以及「我叫你不要這樣！」這種情緒激動的反應，孩子接收到的意義完全不同。因為父母的表情和語氣會同時顯露出情緒，所以後者在孩子的記憶中留下的，只有父母生氣的表情和粗魯的語氣。如此一來，前面說明的管教內容記憶就會消失得一乾二淨，孩子也無法透過這樣的經驗順利學習。

激烈的管教有時也會讓孩子留下後遺症，孩子可能會按照父母對待自己的方式，對待年幼的弟弟妹妹，或對朋友做出激烈的反應。因此，如果父母想好好對孩子施行管教，首先要學會控制自己的感情，注意保持一貫的態度。

大人也不是打從一開始就是大人，希望各位可以想起自己還是小孩子的那段時光，在指責孩子的講話方式很糟糕之前，我們也應該回頭檢視，反映在孩子身上的那些父母的表達方式。

英國作家羅爾德．達爾（Roald Dahl）曾說過：「只要把手放下來，跪在地上，試著像小孩子一樣生活，就會發現到他們一天到晚都得要仰望著一個會發號施令『你給我做這個』、『你不可以做那個』的巨人生活。」在讀到這句話時，我不禁心想「還有什麼話語能如此精準地表達孩子的心聲呢？」，同時也學會了從孩子的角度出發，來思考大人的問題。

獨裁型父母 vs 恩威並重型父母

獨裁型父母[3]與非獨裁型父母有什麼差別呢？獨裁型父母會支配和控制孩子，在這樣的父母身邊長大的孩子，往往會對父母產生冰冷的情感，總是畏縮不安。一天到晚都得要看父母的臉色，幾乎沒有自行決定和選擇的空間，在這樣的日常生活中，孩子的存在就會變得越來越渺小、怯懦和卑微，最終被困在父母所設置、充滿控制與限制的圍籬中。當父母指出錯誤或施行管教時，這樣的孩子並沒有機會反思自身的錯誤，因為他們時時都要看父母的眼神察言觀色，所以往往沒有餘力來審視內心。

另一方面，恩威並重型（亦譯為權威型）父母則會對孩子表現出溫暖的態度，同時也會明確告訴孩子什麼是該做的，什麼是不該做的。在這樣的父母身邊長大的孩子，往往會對父母抱持愛與信任，親子關係通常也不會太差。父母在支持孩子的同時，也會明確告訴孩子應該遵守的界線，幫助他們學習，孩子通常都願意積極配合父母的建議，並全力以赴。

在恩威並重型父母身邊長大的孩子，即使面臨由父母控制的情境，也不會對此感到不以為然，而是會當場承認、領悟到自己行為的錯誤。當孩子認同父母的權威，願意坦然接受父母的管教，這才是真正的管教。

你要當獨裁型父母呢？還是恩威並重型父母呢？是要當個要求孩子無條件服從的父母，讓他們長成什麼都不會的「大孩子」？還是要明確地告訴孩子界線在哪裡，讓他們長大成為真正的大人呢？

3 發展心理學家黛安娜．鮑姆林德（Diana Baumrind）與史丹佛學者埃莉諾．麥考比（Eleanor Maccoby）、約翰．馬丁（John Martin）定義出四種主要教養方式：獨裁型（authoritarian）、恩威並重型（authoritative）、寬容型（permissive）、忽略型（neglectful）。

情緒笨拙不等於行為是錯誤的

孩子們產生的「情緒」並沒有錯，父母常常會犯一種錯誤，就是不會區分情緒表達與錯誤行為，而將兩者放在一起檢視。任何人都會有感到傷心、孤獨和憤怒的時候，這種心情並不是錯誤的，而是十分自然的情感。然而，如果孩子在表達憤怒時過於激動，或者以危害自己或他人的行為表現出來，父母就應針對這個部分來教導孩子。

但是，此時父母不能只把焦點放在孩子的錯誤行為上，一味地指責或數落孩子。高壓的管教態度可能會讓孩子的情緒掀起更大的波浪，所以我們不能採取這樣的態度。父母可以分為三個階段來教導孩子：

★ 第一階段：詢問孩子產生這種情緒（憤怒）的原因。

★ 第二階段：安撫這份情緒。

★ 第三階段：告訴孩子在感到憤怒時，應該要使用「正確」的方式來表達憤怒。

舉例來說，有的孩子在感到生氣時會動手打媽媽，這個孩子的錯誤行為是「動手打媽媽」的行為，而不是「感到生氣」一事本身。然而，如果媽媽想都沒想就對孩子說「你怎麼可以打媽媽？你是怎麼一回事？」，狠狠加以斥責的話，孩子根本無從得知有錯的是自己的情緒，還是自己的行為。在這個情境下，父母首先要做的，是用情緒語言來描述孩子生氣的心情。

「你生氣是因為媽媽不讓你去做那件事嗎？但是動手打媽媽是絕對不可以有的行為，除了媽媽以外，你也不可以動手打任何人來出氣。」我們應該像這樣，明確地教導孩子。

因為孩子很難判斷情緒的對錯，也不太會用語言來表達情感和想法，所以父母應該告訴他們正確的情緒表達方法，如果沒有這樣的過程，只把焦點放在孩子的行為施行管教的話，孩子下次也會以同樣的方式發洩憤怒，錯誤的情緒表達行為往往就會在孩子身上滯留、定型。

缺乏一貫性的態度，會讓管教失去作用

如果想對孩子施行適當的管教，保持一貫性的態度是父母的一堂必修課。舉例來說，假設有個孩子和媽媽約定每天只看一個小時的電視，而某天鄰居阿姨來作客，媽媽忙著聊天，一個小時後孩子問：「媽媽，我看完電視了，現在可以去遊樂場玩嗎？」因為有客人來，媽媽無法陪孩子一起出門，所以對孩子說：「今天你可以多看一下電視沒關係。」接著讓孩子看了快三個小時的電視。

第二天，在看了一個小時後的電視後，孩子要求媽媽今天也讓他多看一下電視，但如果媽媽這次說：「小○○，我們不是約好了，一天只能看一個小時的電視嗎？」這樣根據情況、反覆無常的樣子，就會讓孩子感到混亂。

媽媽明明有時說「絕對不可以看超過一個小時」，有時卻「看三個小時也沒關係」，站在孩子的立場上來看，也許會認為規則是可以根據心情、狀況隨意更動的。如果孩子再長大一點，或許就會反抗：「每次都是按照

媽媽的意思！」而且隨著「媽媽是個承諾反覆無常的人」這種印象逐漸扎根，媽媽的管教很可能會永遠失去作用。

如上所示，規則一旦缺乏一貫性，就不再是規則了。如果因為有客人來，必須改變制定好的規則，父母就應該對孩子充分說明情況，並且徵得他們的諒解。

「本來的規則是只能看一個小時，但因為今天有客人來，媽媽還得跟客人多聊一會兒，所以沒辦法出門去遊樂場。雖然很抱歉，但是你今天再多看一下電視好嗎？」

我們應該利用這種方式來跟孩子好好說明，為什麼會特別允許他多看一點時間。如果管教缺乏一貫性又情緒化，孩子們往往會察覺到，對孩子施行管教的理由，是為了讓孩子有所領悟和收穫，而這就來自於父母一貫性與正確的管教方式。

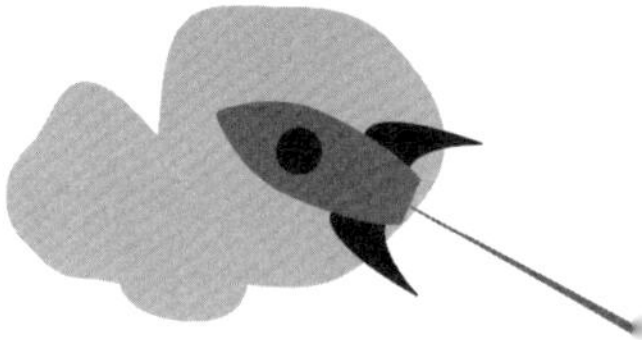

給孩子具體有限的選擇，培養自我主動性

人生充滿了數不清的選擇題，讓孩子累積正確選擇的能力，就能在走向更大的社會、與人相處、建立關係時，逐漸擁有主導決定的才能。

不要問「你要吃什麼？」，而是問「你要吃披薩還是炸雞？」

孩子們往往缺乏掌握現實情況、進行調節的能力，此時有一種可以幫助孩子的方法，那就是「所羅門的選擇提問法」，這是一種非常合理的方法，可以賦予孩子選擇權，培養他們的責任感，同時也尊重孩子。

「所羅門的選擇提問法」是一種為孩子提供多重選項，讓他們自行做出選擇和決定的方法。因為不是由父母單方面採取高壓控制的方式，孩子比較容易接受，也會感覺自己受到父母的尊重，所以通常都能順利進行。

這裡需要注意的是，父母在提出選擇題時，應該避免「開放式問題」，因為當父母以尊重為由提出開放式問題時，孩子們反而會因為選擇過多感到混亂。「開放式問題」指的是那些不提出範圍，可以自由作答的問題，換句話說，就是賦予選擇自由的問題。與此相反的就是「封閉式問題」，要求別人在有限的選項中作答。

舉例來說，如果問孩子「你要吃什麼？」，就是開放式問題；如果明確提出「你要吃烤肉嗎？」，就是封閉式問題。當我們對孩子提出開放式問題時，孩子往往會因為選項太多而難以做出決定，在這種情況下，父母可以指定具體的菜色，只要問孩子「你要吃披薩呢？還是吃炸雞呢？」，孩子就更容易做出選擇。

此時，如果你今天想更進一步，讓孩子品嚐健康的餐食，也可以自然地問道：「今天的菜色要吃烤肉蓋飯呢？還是要吃韓式拌飯呢？」利用這種方式進行誘導性提問，既能實現父母希望孩子吃點健康食物的意圖，同時也培養孩子獨立選擇的自我主動性，是親子都能做出正面選擇的合理方法。

用小小的選擇題來培養決斷力

允許自由選擇的開放式問題往往會帶來混亂，這點對大人來說也是一樣的，畢竟有很多患有「選擇障礙」的大人，都無法順利做出決定。

人生充滿了數不清的選擇題，這也是為什麼我們需要培養正確選擇的能力；雖然只是在生活中的小小選擇，但只要累積這份力量，孩子在走向更大的社會、與人相處、建立關係時，就能培養主導決定的才能。

若孩子具有很強的主導性，無論何時何地，都可堂堂正正地表達立場，也能展現出領導能力。反之，決策能力薄弱，也是自我肯定感低落的指標之一，若孩子不太擅長做決定，父母就應經常創造選擇的機會。換句話說，父母要頻繁且巧妙地製造機會，讓孩子練習；如此一來，孩子就能在練習自行選擇與判斷的過程中，培養決定的能力，成為他們未來做出正確選擇的基礎。

解開孩子心中的謎團

有的孩子經常發脾氣和感到憤怒，這些孩子的特點就是一旦生氣，怒火和憤恨就不會輕易平息，因為他們的心情沒辦法停止朝壞的方向流動。在面對這樣的孩子時，父母應該扮演煞車的角色，制止他們發脾氣、充滿憤怒的行為，進而調節孩子的心情。

此時最需要注意的，是改變父母的觀點。根據父母的觀點與行為，孩子的怒火可能會進一步發展，也可能會在中途停息；為此，父母應該尋找並解開隱藏在孩子心中的正面意圖與情感謎團，因為在孩子的行為中，蘊含著孩子的價值觀與信念。

每次去遊樂場時，都會有孩子在發脾氣，在被問到為什麼發脾氣時，孩子往往會這樣回答：

「沒有朋友願意跟我一起玩。」

對於這樣的回答，媽媽問：「怎麼會沒有呢？那裡不是也有人嗎？」結果孩子卻回：「我不要。」此時，若對孩子說「你再去問他們一次」、「你先靠近他們看看」，孩子的脾氣就很難獲得消停。

在這個情境下，父母要做的是改變自身的觀點，接著幫助孩子擁抱不同的觀點：「你害怕朋友會拒絕你嗎？所以才不敢主動詢問嗎？」

我們不妨像這樣解讀孩子的心情，或者安撫孩子「即使被拒絕了也沒關係，本來就不是所有人都會符合自己的期待」，引導孩子就算遭到拒絕，也能保持正面思考，同時幫助他試著從另一個觀點來進行檢視。

父母應該扮演的角色，就是讓孩子意識到自己「已經做得很好了」。我們千萬不能忘記，管教必須與足以讓鯨魚跳舞的「讚美」結合在一起才行。

如果父母只會指出錯誤的行為，孩子並不會因此產生太大的變化。然而，當父母同時檢視孩子的問題行為與情境時，孩子或許就會感到愧疚，同時產生試圖反省的心情，下定決心改變自身行為。讓我們尋找孩子的正面意圖與優點，引導孩子做出正確的行為吧！如果孩子接受到真正的管教，是不會怨恨或害怕父母的。

讓同儕的流行詞彙與替代語言並行

髒話連篇的孩子越來越多，第一次罵髒話的年齡層也正在下降中，面對這種情形，父母要如何處理呢？

孩子們罵髒話大部分都沒有惡意，只是為了趕上流行。尤其隨著最近在同儕團體間「罵髒話」成了一種文化，很多攻擊性不高的孩子也開始學著罵髒話。即使是適合闔家觀賞、十二歲以上就能收看的電視節目裡，也可以看到來賓隨意使用「真是爆幹扯的」之類的語句。因為這些無從區分是不是髒話的「強勢」語言表達非常氾濫，所以孩子們受到影響也是理所當然的。

以下是一個幼兒學童的故事。孩子從幼兒園回家以後，開始炫耀朋友送他巧克力，原來是有小朋友把旅遊買回來的禮物分給了幼兒園的夥伴們。

「真的嗎？是什麼巧克力？」

當媽媽這麼問孩子時，孩子拿出了巧克力的盒子，滿臉驕傲地如此說道：「就是這個，媽媽。這個巧克力爆幹扯！味道也真是爆幹扯的！」

在聽到從孩子的嘴裡說出「真是爆幹扯的」這句話時，如果媽媽嚇得臉色大變，訓斥怒吼：「你怎麼會這樣說話？不准給我講那種話！」孩子的心情會產生什麼樣的變化呢？原本收到巧克力的好心情會瞬間崩塌，情緒也會急轉直下；此外，孩子可能還會產生委屈的感受，明明幼兒園的朋友們都在使用這樣的語句，為什麼自己非挨罵不可呢？

在這個情境下，比起訓斥孩子，媽媽最好可以先對孩子說：「哇～真的好棒！簡直太酷了！這一定很好吃。」透過正確的表達方式來進行回應。孩子們只是把「爆幹」這個詞彙當成「非常」、「真的」、「超級」的意思來用而已，所以過度責備孩子，或疾言厲色地做出反應都是不好的。媽媽在當下只要利用足以替代的詞彙和表達方式來回應孩子的話語就好了，等到過了一會兒，再對孩子說：「『爆幹』這句話不太好聽，比起這樣的詞彙，『實在』、『很棒』、『非常』、『真的』之類的詞句，聽起來會比較好聽哦！」如此一來，孩子的表達方式也會更加豐富。

任何一個世代，都存在著流行的同儕語言，父母不能無條件阻止孩子徜徉在同儕文化中，使用共享的語言；不過，我們可以教導孩子正確的表達方式，並告訴孩子這句話所包含的意義。

身為父母，使用的語言是否適當呢？

如果孩子使用了粗魯或太過怪異的流行語，父母或許很難理解和接受，但不管有多麼焦急和傷心，都必須保持耐心等待孩子。

不過，等待時間也不用太長，我們應該給孩子三~四分鐘的時間，然後再與孩子聊聊那個詞彙；因為要在孩子能自行回想起來的時間內，加以矯正錯誤。接著從孩子的角度出發，簡單地說明流行語中包含的髒話為什麼不好。

這種教育可在日常生活中以任何方式進行，像是親子一同收看節目時，如果出現了不恰當的語句，不妨當場運用適當的表達方式，自然地在孩子能理解的範圍內即時說明，這種方法也很有效。

舉例來說，在看綜藝節目時，如果節目來賓說了「笨蛋」、「呆子」、「傻瓜」之類的詞彙，我們就可以對孩子說「○○如果聽到這樣的話，會有什麼樣的心情呢？」，詢問孩子的想法。萬一孩子沒有發表什麼意見，我們可以說：「媽媽如果聽到這樣的話，會感到很傷心。你覺得我們可以對朋友或其他人這樣子講話嗎？」藉此引導孩子的想法。

接下來我們要對孩子說，因為這種表達方式可能會傷害他人的內心，所以不可以使用這些詞彙，而是要「跟對方說我很生氣、傷心、心情很差，這才是比較好的做法」。

最容易對孩子的語言產生影響的，是周圍的人們，而其中最親近的人就是父母。父母有沒有在生氣時責備孩子，夫妻吵架時是否使用過粗魯的詞彙，這些都是我們需要時時刻刻回頭檢視的。如果父母在不小心脫口而出的話語中夾帶了髒話，當然應該馬上向孩子承認錯誤，並且真心誠意地道歉，「去的話好聽，來的話也才會好聽」這句韓國諺語，無論是對孩子或父母，同樣都公平適用。

Chapter 4

善於表達情緒的孩子，社會性更出色

孩子的情緒與智力是彼此連動的，
當父母為孩子的心靈帶來舒適感與安全感時，
他們的才能與學習能力
才能「咻咻」地成長茁壯。

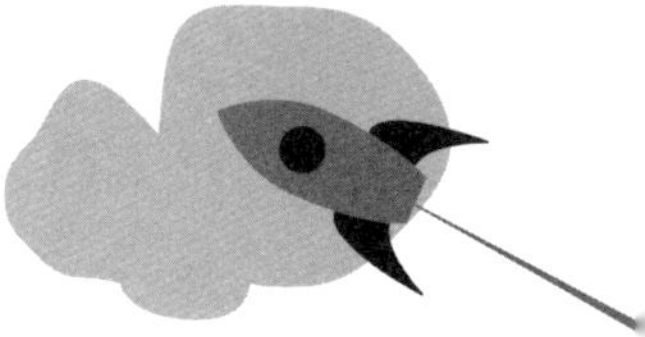

掌握孩子發出的壓力訊號

孩子們往往會透過行為來表現壓力訊號，若發現孩子無緣無故哭鬧或莫名其妙發脾氣的情況增加，不妨懷疑一下「我家孩子是不是正在承受壓力呢？」

孩子們也渴望免除壓力

就算是年幼的孩子，也會感受到壓力，比如說想做的事情不太順利時、事物的進展不如預期時等等，就跟大人的壓力來源一樣。

在孩子透過語言表達自身想法的時期，好奇心與探索能力會更加發展，此時過度控制會導致孩子產生不安、羞恥與憤怒等情緒，如果反覆給孩子帶來壓力的惡性循環，可能就會對語言發展與社會性發展造成負面影響。

當壓力來臨時，大人會透過屬於自己的方式來釋放壓力，但孩子卻連自己正在承受壓力一事本身都很難察覺。如果孩子無緣無故發生腹痛或退化（透過不成熟的行為來處理當下不安感）的現象，父母就應及時意識到這是壓力的訊號。此時要做的，就是對孩子的心靈表達適當的關心，若我們對孩子的行為漠不關心，甚至不聞不問，孩子的壓力可能就無法獲得解決，而會「一點一滴」地累積在心底。

因此，父母必須適時檢視孩子是否出現壓力訊號，像是掌握孩子在畫畫、玩遊戲時自然產生的發話與行為，繼而讀取潛藏在孩子內心的壓力表達。

除此之外，父母還需要教導孩子，在感受壓力的同時，應如何抵抗和解決壓力，而且比起盲目對孩子的壓力即刻產生反應，更需要退後一步來等待孩子。整體上來說，父母扮演的角色是幫助孩子好好了解、克服壓力，同時也能發揮為孩子防治火病[4]的作用。

4 源自於韓國的一種心理疾病，因為長期遭受到壓力與煩惱等困擾，無處發洩內心憤怒委屈的情緒而產生。

沒有人能一輩子活在沒有壓力的情況下，孩子也是一樣的，如果父母可以幫助孩子適應壓力，並有效地解決它，相信孩子就能健康地承受、處理，同時獲得成長。

解讀孩子的壓力訊號

孩子們往往會透過行為來表現壓力訊號，若發現孩子無緣無故哭鬧或莫名其妙發脾氣的情況增加，不妨懷疑一下「我家孩子是不是正在承受壓力呢？」，接著進一步觀察孩子，試著檢視壓力的來源。

如果父母只把焦點放在行為上，孩子的真實壓力就會逐漸累積；如此一來，孩子容易因為小事發脾氣或感到憤怒的次數，就會進一步增加，甚至可能以毆打弟弟妹妹、對朋友或媽媽動粗等充滿暴力的形式表現出來。重點在於父母要掌握孩子內心的原因，而不是他們的行為。

孩子因為缺乏表達能力，所以無法適當表達壓力等煎熬的心情，如果這樣的狀態持續下去，可能就會產生身體上的症狀，比如一天要跑好幾次廁所的頻尿，或明明之前已經會自主大小便，卻又開始尿床的夜尿症等，都是代表性的症狀。

咬指甲或挖鼻孔等行為習慣，也可能是壓力訊號。因為這種行為是孩子處於高度緊張狀態會產生的表現，所以我們應幫助孩子找回內心的平靜，比這更嚴重一點的壓力訊號，還包含抽動症、強迫症、口吃等。此時我們應該做的，不是讓孩子察覺到症狀，而是要自然地把他們的注意力轉移到其他地方，隨著孩子的情緒狀態穩定下來，這些身體症狀就會自然消失。

然而，若孩子對自身的行為感到不舒服，或因此表現出自卑的樣子，就不應被動等待症狀自然消失，而是進一步帶孩子諮詢相關專家。若是頻尿或夜尿症之類的生理現象，就到泌尿科等相關醫院接受檢查，如果在經過檢查後沒有問題，那麼大部分就是心理症狀，最好透過心理諮商、遊戲治療、藝術治療等方式，正確診斷孩子的心理狀態。

抽動症、強迫症、口吃等症狀亦是如此，萬一孩子對此感到不舒服，甚至充滿自卑感，我們就必須帶孩子接受專家的治療，在情緒上找回安全感。

如果想要征服孩子的壓力，就從準備運動開始吧

如果想要征服孩子的壓力，父母首先要進行以下三項準備動作。

♥第一步，先傾聽孩子的情緒

舉例來說，當孩子生氣地用腳踢垃圾桶時，媽媽要避免立即責備孩子的行為；與其把焦點放在孩子的行為上，不如對孩子說「原來○○很傷心啊」，先傾聽孩子的情緒。因為即使責備孩子的行為說「你到底在幹嘛？」，孩子也不會當場意識到自己的錯誤。毫無效果的管教只會有空蕩蕩的回音，而父母這樣的反應只會把孩子的心推得更遠。

先傾聽完孩子的內心之後，再運用孩子能夠理解的語言，說明為什麼不

能用腳踢垃圾桶：「不管再怎麼傷心，我們都不可以踢垃圾桶，因為這是塑膠做的，用腳踢的話搞不好會碎掉，你的腳踝可能會扭傷，皮膚也可能被割到流血，聽起來很痛對不對？你可以用墊子或枕頭來代替，軟軟的不用擔心會受傷，而且踢一下就可以飛得很遠，這樣子心裡更痛快不是嗎？」只要對孩子這麼說，孩子就會打從心底感激願意了解自己內心的媽媽，且過了一段時間後，也能回頭重新審視自己的行為。

❤第二步，提前掌握孩子感興趣的人事物與遊戲

孩子在玩自己喜歡的遊戲，或者見到自己喜歡的人時，通常比較能盡情釋放能量，因此當孩子在感受到壓力時，父母只要幫助他們把注意力轉移到平時感興趣的事物上，就能大大幫助孩子平靜內心。

♥第三步，肯定孩子的特質

根據天生特質的不同，即使在相同的情境下，孩子產生的壓力指數也可能有所差異，因此我們只要掌握自家孩子的特質，就可以盡量避免讓孩子暴露在充滿壓力的環境中。舉例來說，有的孩子在人多的地方可能覺得特別不舒服，那麼我們就不可以帶這樣的孩子去大型超市或百貨公司。此外，若孩子的聽覺很敏感，在吵雜的場所容易感受到壓力，父母就要避免讓孩子暴露在這種環境中。

如果是前者的話，媽媽可以自己去超市，把孩子託付給爸爸照顧；若是後者，可以避開音樂吵雜的地方，選擇展覽會、圖書館和博物館等當作全家出遊的場所就好了。如果父母明明知道哪種環境會讓孩子承受巨大的壓力，卻非要經常讓孩子暴露在那個環境中，在孩子身上施加負面情緒的話，這並不是明智的做法。我們應該肯定孩子的特質，給他們充分的時間準備，讓孩子多多練習、接觸，我相信只要父母這樣對待孩子，就能順利征服孩子的壓力巨山。

擊潰壓力的有趣遊戲

以下介紹幾種可以與孩子在家裡釋放壓力的遊戲，就算不是為了釋放壓力，也能讓親子在家裡一起愉快享受，推薦大家三不五時就玩看看。

♥擰報紙

先讓孩子把報紙想像成充滿壓力的衣服，接著父母與孩子分別抓住報紙的兩端，像是要把衣服擰乾一樣用力擰。

「讓你很累很難過的○○！我們把它全都擰掉吧！嗨喲！」像這樣一邊喊，一邊用力擰——相信不管是孩子還是父母，心裡都會感到很痛快！

♥用報紙打雪仗

用手把報紙揉成一團一團的，再拿來打雪仗。把報紙團平分，客廳右側是小孩陣營，左側是爸媽陣營，雙方互相對峙。

若能提前決定中線的話會更好，可以先告訴孩子「這個墊子是界線，你不可以跨過來」，再開始遊戲，在一邊丟一邊躲的過程中，大家都可以玩得很開心。

♥撕報紙

這是一種可以透過盡情撕報紙來消除壓力的方法。一邊撕報紙，一邊大喊「熱氣飛走吧」、「蚊子叮咬消失吧」，利用這種方式，把充滿壓力的情境說出口吧，撕報紙遊戲會讓人充滿活力！

♥擊破報紙

這個遊戲要將一張報紙切成兩半，由媽媽拿著報紙兩端，雙手張開，讓孩子擊破。孩子從遠處發出蓄力的聲音，跑過來用拳頭擊破報紙的同時，就可達到釋放壓力的效果（但因為發出的聲音可能會吵到樓下，所以最好鋪上床墊，在白天短暫地進行遊戲）。

♥撒報紙雪

媽媽與孩子一起躺在地上，把報紙拿來像雪一樣邊撒邊玩。透過這樣的報紙遊戲，除了可以消除孩子心中累積的壓力以外，也有助於小肌肉、大肌肉的發展。因為要把報紙碎片撕得更細，做得跟雪一樣，所以很適合接在擊破報紙後面進行。

♥被子遊戲

這是可以讓孩子與爸爸一起進行的代表性遊戲，每天只需要少少的時間，大概十分鐘左右，就能對爸爸與孩子的關係產生大大的幫助。

比方說像是把身體用被子捆成一捲之後，再一次打開來的紫菜包飯遊戲；讓孩子坐在被子上，爸爸拖著走的被子雪橇遊戲；把孩子裝在被子裡，爸爸像聖誕老人一樣扛在肩上，在房間裡來回走動的遊戲，這些遊戲雖然簡易又單純，但可以產生很棒的效果。

如果想掌握、解決孩子壓力的成因，親子之間應該形成穩定的依戀關係。哪怕平常只有一點點時間，只要讓親子雙方動動身體，一起流汗，一起歡笑，透過這個小小的行動，沉積在孩子們心底的壓力就能輕鬆獲得解決。

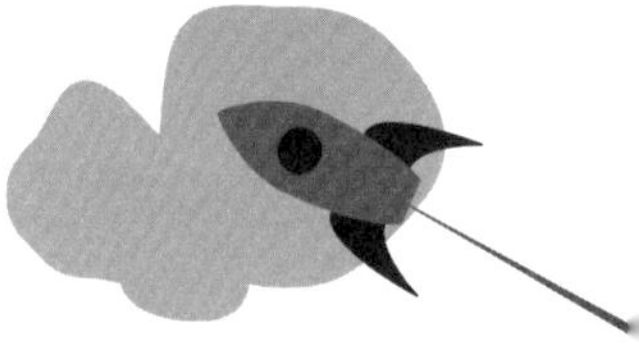

「家」應該成為孩子的休息空間

我一直想要堅持的，就是讓孩子覺得家是一個舒適的地方，而不是監獄；不管孩子是躺著讀書，還是滾來滾去讀書，我都會努力肯定他們的模樣。

與其問「今天有功課嗎？」，不如用「趕快休息吧」迎接孩子

孩子平日一整天待在老師與朋友之間，經歷令人感到緊繃的時光，最後才回到家；所以對孩子來說，家是可以撫慰疲憊心情，一邊吃零食，一邊放心休息的地方。但當孩子在吃零食，悠閒享受自己熱衷的愛好時，媽媽往往會對孩子這麼說：

「今天有功課嗎？」

這句話會讓孩子的舒適感嘩啦嘩啦地崩潰，因為如果試著解讀這句話，簡直就是在跟孩子說「你現在給我去做功課」。孩子從早到晚都按照塞得滿滿的時間表行動，能量早已處於見底的狀態。

對大人來說，結束一整天的工作回家時，我們的腳步往往都很輕盈，這是因為知道回到家就可以放下緊繃的情緒，盡情地休息。

孩子的心情也是一樣的，在結束外部活動回家後，他們往往期待著一邊吃零食一邊休息。此時媽媽只要用笑容迎接孩子，遞上零食，他們就會產生舒適、幸福的感受。然而，如果孩子才剛吃幾口零食，就馬上被催促去做功課，連充分休息的時間都沒有，孩子的心情會怎麼樣呢？孩子或許會覺得媽媽不在家的話更好，甚至開始羨慕起別人。

當孩子從學校回來時，不妨為孩子準備好水果或零食，此時與其問他「今天有功課嗎？」，不如對孩子說聲：「辛苦了，趕快休息吧。」唯有父母像這樣肯定、接受孩子的辛苦，孩子才能抱持更大的責任感。

就算我們不督促孩子做補習班功課，他的心裡其實正在思考接下來要做的事情；放手讓孩子自行檢視、規劃自己的工作，也不失為一個好主意。家是休息的地方，而不是第二個學校，在外面待了一整天過後，孩子的身心靈往往也會感到疲勞，而家應該成為所有人能盡情釋放緊繃情緒的地方。

覺得去補習班還比回家放鬆的孩子們

大人與孩子都一樣討厭被干涉，如果父母在應該放鬆的家裡對孩子有太多的干涉，他們往往會寧可減少待在家裡與父母相處的時間。因為在「家」這個空間中，自己的獨立性無法獲得認可，遭到干涉的孩子反而會覺得待在外面比較輕鬆。

偶爾有些父母會認為，自己的孩子很乖巧，願意學習不同的才藝，上四、五間補習班，但此時父母應該做的，是準確掌握孩子去補習班到底是真的想要學習，還是有其他原因。很多孩子並非為了學習，而是因為討厭父母的干涉才逃到補習班，所以父母要仔細觀察，孩子上補習班究竟是出於什麼樣的心情。

以我為例，以前是不是因為覺得補習班的課程很有趣，所以才去上的呢？絕對不是那樣，是因為待在家裡也要受到干涉的氛圍，非常令人討厭與煩悶，不如上補習班，與同儕朋友快樂地聊聊天還比較自在，這才是我真實的想法，所以我待在補習班的時間跟學習程度是不成正比的。

去上補習班是因為討厭父母干涉，還是出於學習的需求？希望父母可以仔細審視孩子的真實心情。

當然，也有很多孩子認為家有家的好處，補習班有補習班的優點。然而，不管孩子屬於哪種類型，父母都應該理解他們對家的真實想法，觀察孩子待在家裡是覺得鬱悶，還是感到很放鬆。唯有掌握孩子的內心，父母才能重新開啟與孩子的關係，而這一切的前提，是父母必須把家打造成能讓孩子感到舒適又溫暖的空間。

把自己「夢寐以求的家庭」獻給孩子

在養育孩子的過程中，我一直想要堅持的，就是讓孩子覺得家是一個舒適的地方；不管孩子是躺著讀書，還是滾來滾去讀書，我都會努力肯定他們的模樣。

我一邊回頭檢視童年歲月，一邊從記憶中取出殘存的每一份心情，希望孩子不要重蹈我的覆轍。印象中的補習班，是我幼時躲避父母干涉的逃生出口，如果不是孩子真正想要、需要，就不會與學習有所連結，我親身感受到補習班的學習毫無意義，所以不想對孩子重複這種方式。我認為，自己能扮演的最重要角色，就是把家打造成孩子會感到舒適的地方，這個想法是我能堅定不移、按照原則來育兒的原動力。

在養育孩子的過程中，還有一件我很重視的事情，那就是「閱讀」。正好我家老大很喜歡書，要把閱讀化為生活的一部分，並沒有什麼太大的問題，不過問題在於孩子偏偏不喜歡圖書館。因為我家老大不喜歡借書來看，所以我把客廳營造得跟圖書館一樣，盡可能買給孩子他們想要的書。因為孩子十分渴望擁有「自己的書」，所以雖然只是二手書，但我還是會滿足他們的願望。有的孩子想要好的衣服，有的孩子則想要書，我完全尊重每個孩子的特質。

如果當時我責備老大「書借來看不就好了，幹嘛要特別買？」，拒絕孩子的要求的話，原本喜歡書的老大，可能就很難再和書有更進一步的接觸了。不過我家老大從小就有獨特的遊戲方式，比如說他會自己玩堆書遊戲，或把書全部拿出來整理好，因為他可以在生活中把書當作遊戲道具使用，是個對書本熱愛到與眾不同的孩子，所以我完全接受這個孩子的「書籍佔有欲」。

受到父母尊重的孩子，往往也懂得尊重其他人，按照每個孩子希望的方式給予尊重，就是我對待我家孩子的獨門方式。

孩子也渴望待在舒適的家裡

打造能讓孩子們感到舒適的家並不困難，只要確保孩子們記住這個家是舒適的空間，把待在家裡的時間當成休息就好了。當孩子讀書讀到一半，稍作休息時，父母偏偏在此時開門進來目睹到這一幕，此時孩子的心情一定十分委屈。如果想避免讓孩子產生這種情緒，我們就要盡可能對孩子的空間給予肯定與尊重。

舉例來說，在打開孩子的房門時，一定要提前敲門，當孩子不在時，也不可以隨便進入孩子的空間翻來找去，這是父母應遵守的最基本禮貌。

當我們在跟放學的孩子聊功課或確認補習班時間前，不妨先問問孩子今天一整天過得怎麼樣、營養午餐的味道如何、體育課上得開不開心，接著再送給孩子溫暖的一句「一整天辛苦你了」，只要這麼做，孩子們就不會覺得和父母對話是一件苦差事。

不過如果孩子進入了青春期，這種對話方式可能就行不通了，因為青春期的孩子往往會拒絕任何對話或接觸，只想待在屬於自己的空間裡。在這個情況下，我們應該放手讓孩子獨處，並投以關心的目光，沒必要因此覺得孩子不懂規矩或太過極端。

「在這個時期往往會感到很混亂，我以前也是如此，總是想要一個人待著。」我們應該以這樣的心情尊重孩子的行為，並且給予等待。如果父母出於焦慮的心情而一天到晚催促孩子，或對孩子提出各式各樣的要求、檢查孩子應盡的義務事項，不斷加以干涉的話，孩子就會覺得家是一座「監獄」，想要逃離出去。

像變色龍一樣說變就變的孩子們

孩子們對父母的感受是非常敏銳的，當他們看到父母表現出遺憾的語氣、眼神和充滿惋惜的神情，就會努力隱藏自己「想要現在就放棄」的那份心情。

父母的話語和行為會左右孩子的情緒

父母的情緒往往會原封不動地傳達給孩子，因此如果父母抱持著不安，這份情緒就會直接傳遞給孩子，導致孩子產生不安、畏怯。孩子第一次上幼兒園時，媽媽的語氣和眼神既可能引起孩子內心的不安，也可以讓孩子建立自信。

舉例來說，A媽媽一邊跟孩子擊掌一邊喊「今天在幼兒園玩得開心一點，和朋友們好好打招呼吧」、「媽媽相信你一定會做得很好，加油！」，再送孩子上幼兒園；B媽媽則邊用充滿不安的表情對孩子說「你沒問題嗎？可以做好嗎？如果覺得太難熬的話，就請老師打電話給媽媽」，邊送孩子上幼兒園。在這兩個孩子裡，哪個孩子能更輕鬆踏出在幼兒園的第一步呢？相信不管是誰都應該猜得到。

A媽媽願意給予孩子信任，讓孩子相信只要去幼兒園，就會發生好玩的事情，同時在孩子的心中種下了自信；B媽媽則提前預想到孩子會適應不良，在孩子內心灌輸「可能會有壞事發生」的不安感。換句話說，B媽媽遞給孩子的，根本是裝滿了媽媽的焦慮與擔憂、「砰砰」射出的不安之箭。

在A媽媽與孩子擊掌，愉快地送孩子去上幼兒園後，孩子即使和媽媽分開，也會試著以愉快的心情享受幼兒園生活。因為是第一天，孩子還是會閃過一絲緊張與害怕的心情，但只要想起媽媽的那句「加油」，就能快樂地與朋友們和睦相處。然而，被焦慮與擔憂箭矢射中的孩子，只要一想到媽媽不安的神情，擔憂與焦慮就會襲捲全身；因為被媽媽的不安感染，很難接受分開之後獨自一人的情境，比起努力適應，孩子的心裡只會浮現媽媽給的選項（如果覺得太難熬的話，就請老師打電話給媽媽）。因為在接納陌生的新環境前，孩子就是懷著焦慮與擔憂的心情，打開那道陌生環境的大門，導致孩子認為與媽媽分離是一件無比困難的事情。

如上所示，孩子們在體驗新的環境前，往往會根據父母的話語、表情，提前進行判斷。所以父母千萬要避免射出擔憂與焦慮的箭矢，因為這種心情會直接傳達給孩子，並且被孩子吸收。

即使是愛瞎操心的父母，也應該把自己的心「牢牢地隱藏起來」，用「你一定做得到」的話語，賦予孩子勇氣與自信。

孩子從幼兒園回來後，與其投以安慰的話語，不如對孩子說「你今天學了什麼歌？」、「哇~你唱得真好！」、「明天也學很多有趣的歌回來教媽媽吧」，一起為孩子的全新體驗感到開心。如此一來，孩子才能抱持著對幼兒園活動的期待，來迎接嶄新的一天。當我們無條件支持、鼓勵孩子的挑戰，而不是射出焦慮與擔憂的情緒，孩子的心就會因為自信和期待而變得更加堅強。

「放棄了也沒關係」

我曾認為，「稍微學一下就放棄的話，反而可能更做不到」這句話十分正確。父母為了找出我的未來和才能付出了各種努力，即使我在學習某樣東西時覺得不有趣，他們也會問我：「如果放棄的話，你不覺得學到目前為止的時間就白白浪費了嗎？」接著摸摸我的頭說「都學到這裡了，再多學一點好不好？」，說服我多學一點。

我小時候學過鋼琴，剛開始確實覺得很有趣，但隨著時間的流逝，興趣開始逐漸下降；但在那之後，我還是花了很長一段時間在學習、練習鋼琴，現在回想起來，我不覺得這留下了什麼特別的回憶，到頭來好像只有在音樂課上表演鋼琴，或去考鋼琴考試的「那些時刻而已」。我突然冒出了「如果用這種方式學習，到底能夠留下些什麼呢？」的念頭。

我活在這個世界上領悟到的重要理念之一，就是「放棄了也沒關係」，所以當孩子在學了某樣東西，但沒辦法產生興趣或者覺得很無聊時，我會跟他說：「記住自己的這份經驗，不要想得太嚴重，『放棄也沒關係』。」

孩子們對父母的感受是非常敏銳的，當他們看到父母表現出遺憾的語氣、眼神和充滿惋惜的神情，就會努力隱藏自己「想要現在就放棄」的那份心情。當父母希望孩子「再多學一點」的期盼，映照在孩子眼裡，他就會不自覺妥協：「那我就練到徹爾尼第〇〇首好了……」一邊反覆咀嚼父母拋出的「你不覺得這樣會浪費掉至今為止學到的東西嗎？如果在這裡停下來，你就永遠都不會彈了」，一邊用自己的方式，努力合理化繼續學習的理由。

但就現實層面來說，孩子要保持耐心、專注在毫無興趣的事物上，是非常困難的；到頭來，無論是鋼琴還是運動，學習的效果都不大。因此，如果是在可以容許的情況下，希望各位父母可以提供孩子選擇的機會，先建立「無論是樂器還是運動，現在不馬上學也沒關係」的觀念。

孩子們不會把自己喜歡、真正想上的補習才藝班功課往後推。真正喜歡的事物，可以為孩子帶來正面的效果，就算時間流逝，也會留存在記憶中。但根據我的經驗，無論學習時間長短和階段，不管是學到徹爾尼第三十首還是五十首，只要是孩子沒有興趣的學習，在放棄後也不會出現什麼差異，留在孩子身上的，都只有「我以前也學過鋼琴」而已。

如果孩子學的是他們喜歡，而且想學的東西，相信就算父母不催促他們練習或做功課，孩子也會愉快地自己看著辦。那些被無意義事物經驗浪費的時間，我不想讓孩子重複。若孩子喜歡當下正在學習的東西，也很有興趣，當然可以持續下去；但反過來說，就算孩子想放棄，也以「至今為止的學習時間很可惜」為由要他們繼續硬撐下去，並不是為了孩子好。

在與孩子溝通的過程中，最好可以檢視孩子想學什麼，對什麼樣的事物感興趣，再來選擇。如果讓孩子學習他們想要的東西，相信父母也能自然而然地說出「○○會自己快快樂樂地學習，媽媽也很開心」，而不是「放棄也沒關係」。

污名化效應vs畢馬龍效應

父母在無意間對孩子拋出的「負面話語」，往往會進一步強化孩子「我做不到」的負面情緒，孩子的行為也會照著父母的話語產生變化，這點在心理上被稱為「污名化效應」（Stigma Effect）；也因為孩子一旦做出了錯誤的行為，周圍就會以否定目光打上烙印，所以這個現象亦被稱作「烙印效應」。此時，孩子往往會在有意無意之間，按照被打上的烙印採取行動。

如果試著把污名化效應式的養育心態，代入孩子的不安與憂慮中，就可以了解，被父母用不安、憂慮養大的孩子，在接觸陌生的新事物時，必然會產生更多的不安與恐懼。

另一個與此相反的現象是「畢馬龍效應」（Pygmalion Effect），指的是如果我們給予孩子正面的期待與支持，孩子就會為了不辜負期待而加倍努力，繼而取得更好的成效與結果。如果把這個效應代入父母的養育心態，我們可以得知，對面臨陌生新事物的孩子，父母應該時常投以「你一定可以做得很好」、「相信你辦得到的」，這種鼓勵與支持的正面話語。

不要只會瞎操心，而是要提前預防

我從以前就知道我家老二很煩惱身高比同儕還矮，但是從未仔細想過這份煩惱竟然如此巨大——她認為同年紀的朋友都一下子就「咻咻」地長大了，但自己的成長速度卻很慢。

然而，面對這樣的孩子，老公有時會懷著不安的心情對她說「都是因為妳都不怎麼吃飯才會這樣，牛奶也要多喝一點才對」，或是「因為……這樣妳個子才長不高」，把一切都和身高扯上關係，對懵懂的孩子投以擔憂的話語。

我和老公的想法不同，因為我相信，比起說出充滿擔憂的話語，充分傾聽孩子痛苦的心情更能帶來幫助。況且，就算親子雙方同樣把這件事情想得很嚴重、很嚴肅，問題也不會獲得解決；此時我們要做的，就是接受天生的成長速度，然後放輕鬆耐心等待。另外，我認為更重要的，是告訴孩子實際的方法。

因此，我強調要讓孩子建立好好吃飯和早睡的生活習慣，同時建議孩子進行輕微的跳繩、排球、籃球之類可能刺激生長板的運動。因為只要營養均衡的飲食與運動並行，除了對長高有幫助外，還有助於透過充滿能量的活動來鍛鍊體力。面對孩子的身高問題，父母最不應該做的，就是表現出憂慮與不安；另外，我們也要告訴孩子，個子高不一定能帶來自我肯定感，讓孩子減緩壓力。

對孩子來說最重要的，是他們的心靈與自信的高度。在看到孩子因為身高問題而感到不安，甚至缺乏自信時，父母必須不斷告訴他們，天生的體質和身體條件不一定能靠努力來解決，但自信、端正、帥氣的心態完全是可以達成的，我們應該為感到擔心的孩子充分說明這一點，讓他們放心。

父母應該注重的是引導孩子培養自我肯定感，把注意力放在「孩子心靈的高度」，而不是「孩子的身高」。我們必須記住，孩子的情緒與智力是彼此連動的，當父母為孩子的心靈帶來舒適感與安全感時，他們的才能與學習能力就會「咻咻」地成長茁壯。

透過遊戲掌握孩子的情緒

想與孩子形成共鳴、進行溝通，其實並不如想像那麼困難，只要能陪孩子觀賞有興趣的事物，親子關係就會輕鬆許多，更能達成快樂有趣的互動。

誠懇地傾聽孩子的情緒，進行溝通

在現實中，孩子對恐懼等負面情緒往往傾向閉口不談，若我們想了解孩子當下的恐懼情緒，就應該一邊陪孩子玩娃娃遊戲，一邊引導孩子自然吐露，只要把娃娃擬人化，詢問他們當下最擔心與害怕的事物為何，孩子就意外地容易說出內心的真實想法。

娃娃遊戲是幫助孩子表達情緒的好工具，就算是對父母開不了口的事情，孩子也敢於跟自己喜歡的娃娃或想像中的朋友分享。

舉例來說，如果孩子喜歡《珠珠的祕密》[5]裡的角色，父母就應提前掌握《珠珠的祕密》登場的人物，接著扮演珠珠的朋友「莎莎」，自然地詢問孩子：「珠珠，妳最近常常悶悶不樂的，是幼兒園發生了什麼事情嗎？」像這樣與孩子拉近距離，孩子就會覺得現在是在和「莎莎」說話，而不是在跟父母說話，所以比較不會產生抗拒感，願意把自己的感受表達出來。

若想掌握孩子的心情，就必須先知道孩子現在喜歡的是什麼。除了提前針對孩子喜歡的角色做功課，父母也可以進一步了解角色的相關事項，以及與角色相關的歌曲。最簡單的方法，就是去逛附近的文具店，在那裡就能一眼看到許多孩子喜歡的卡通人物和各種道具，也可以向文具店老闆打探資訊。

5 韓國兒童卡通。

想與孩子形成共鳴、進行溝通，其實並不如想像那麼困難，如果孩子知道父母了解自己喜歡的角色和玩具，在聊天時也不會感到無聊和厭煩。只要能陪孩子觀賞有興趣的事物，一起聊天和玩耍，親子溝通就會輕鬆許多，更能達成快樂有趣的互動。

能學習失敗、成功等各種情緒的遊戲

玩黏土時也可以表達各式各樣的情緒，孩子可以捏出自己喜歡的形狀，而且能夠主導遊戲、掌控進度。若我們按照孩子教的方法來捏，陪伴他們一起玩耍，孩子就能獲得「受到父母肯定」的經驗。此外，在看到用黏土完成的作品時，孩子也能盡情享受那份成就感。

黏土遊戲還有另一個優點，就是在遊戲過程中，可以表現出負面或壓抑的情緒，因為孩子能透過敲打或按壓黏土來表達壓抑的情緒、壓力，此時父母只要適時提問，就能幫助孩子好好把情緒宣洩出來。

「你今天的心情怎麼樣？要不要捏捏黏土，試著形容一下剛剛從鞦韆上掉下來的心情呢？」

如此一來，孩子可能會一邊用拳頭「砰砰」地敲打黏土，一邊說「超級超級痛的，讓我心情很糟糕」，也可能會捏黏土來形容「我就是試著像這樣盪鞦韆」。

藉由隨心所欲地搓揉鬆軟材料，雖然只是簡單的動作，像是敲打、用手按壓、揉成一團、拉扯、撕裂、切斷、碾壓等，孩子就可以透過各式各樣的方法來表達想法與心情。

市面上有天使黏土、陶土、超輕黏土等，各有其特點和優缺點，可以看看自家孩子是否喜歡冰冷觸感、討厭沾手、喜歡泥土形狀、偏好有顏色的種類……等，根據喜好挑選的過程，也可以成為孩子的遊戲之一。除了市面上提供的款式，我們也可以在家自製麵團等來進行，只要根據孩子的特質和發展階段來挑選材料，對孩子來說就會是安全又有趣的遊戲。

在捏黏土的過程中，孩子可能無法順利照著想法捏好，此時就會經歷失敗。然而，這份失敗與重新挑戰的經驗，可以讓孩子獲得獨立面對問題情境、嘗試思考與尋求解決方法的經驗。經由這些經驗，孩子可以擺脫失敗帶來的恐懼與負面情緒，進而在解決問題的過程中累積成就感。

觀察孩子使用的顏色，藉以掌握情緒

孩子會運用顏色來表達心情，所以父母可以觀察孩子畫的畫，看孩子經常使用的顏色，以此掌握孩子的情緒狀態。

雖然不善於透過語言描述自身情緒，但孩子在畫畫時，會自然地運用顏色來表現，所以顏色對解讀孩子的心境十分重要。只要提前了解每個顏色的意義與代表的事物，我們就更容易解讀孩子的心。

在面對人際溝通尚未成熟的兒童，或不善於表達自身情緒的孩子時，我們也可以活用色彩心理學，以畫畫和著色遊戲理解孩子的情緒和心理狀態。

只是看著孩子的畫、誇獎他們「畫得真好」就結束是不夠的，真正的關鍵在於解讀孩子表現在顏色上的心情。

如果一個孩子經常使用黑色，就可以得知孩子具有強烈的恐懼感和不安感，而且正在壓抑自身的情緒；在獨裁型父母養育的孩子或出身殘破家庭的孩子身上，往往特別容易出現這樣的特徵。喜歡黑色的孩子外表溫順，看起來好像適應得很好，但內心常常過度壓抑自我，在這種情況下，父母應該傾聽孩子的內心，掌握孩子在哪些方面有困難，並且給予幫助。

把邊框塗黑的孩子

我家老大是個話不多的孩子，我一直覺得很難傾聽他的內心，理解他的情緒。所以為了解讀他的心情，我努力借助了繪畫的力量。他五歲時，畫了生活在大海裡的海洋生物，畫紙上密密麻麻的，很難找到空隙；更特別的是他先用鉛筆畫圖，再用黑色蠟筆重新塗上邊框。我不知道那是什麼意思，在諮詢藝術治療師之後，得到的答案是孩子的心情看起來非常複雜，根據老師的說明，在鉛筆的圖案上再塗上邊框的行為，代表孩子在情緒上處於匱乏的狀態，這點恰恰表現出他當時渴望獲得肯定與愛的心境。

我心想，對於我家老大來說，我更照顧、關心兩歲妹妹這一行為，或許早已讓他感覺非常煎熬和難以忍受，而我卻絲毫沒有察覺到他所經歷的孤獨。現在回想起來，當時真的對我家老大感到很抱歉；雖然時候有點晚了，但是我還是很慶幸自己發現了這件事。

跟語言比起來，孩子在繪畫、顏色、肢體動作、遊戲等事物上，往往可以更自然地表現情感。此時父母應該做的事情，就是透過繪畫或孩子的肢體動作，傾聽、理解孩子悲傷不安的情緒，也要修正自己在有意無意之間對孩子產生傷害的行為。當父母願意以這種方式理解孩子的內心時，相信孩子就不會再感到孤獨與悲傷，也不會被不安摧殘得疲憊不堪了。

觀察孩子的情緒號誌燈

你是否覺得「不聽話就是壞孩子」呢？如果一個孩子永遠順從父母，他根本就不是在過屬於自己的人生，只是在演一個乖寶寶的人生而已。

想忍住怒氣，必須從學會正確發脾氣開始

很多孩子都不知道該怎麼好好發脾氣，但若不能在適當的時機，用正確的方式發脾氣，就很難發展出健全的社會性。當孩子心中的情感空洞越深，就越容易在內心發酵。

無論從各種層面來看，父母都應該告訴孩子發脾氣的正確方式，因為唯有學會如何正確發脾氣，孩子才能培養自行控制情緒的能力。當孩子無法

好好發脾氣時，父母必須先了解原因。首先，不會正確發脾氣的孩子大致可分成三種類型：

★第一種：太常發脾氣的孩子

★第二種：無視情況發洩怒氣的孩子

★第三種：同時包含第一種和第二種特性的孩子

這三種類型的孩子有三個共通的情形：

❤第一，孩子會產生「乖寶寶症候群」的現象

這樣的孩子在真的應該發脾氣時，第一個想到的是別人的評價。因為不知道別人會給予什麼樣的評價，所以孩子往往會感到很害怕，無法坦率地表達自己的負面情緒，只能選擇隱藏起來。在這種情況下，父母就必須引導孩子學會正確表達自己的負面情緒。

舉例來說，孩子為了維持自己「乖寶寶」的形象，往往會做出與自身情

緒完全不同的行為，努力迎合其他人的想法。但這種狀態不可能永遠持續下去，所以他們往往會隱藏著悲傷的心情，接著在某一天猛然「砰」地爆發出所有的怒火。然而，周圍的人們完全無法理解，朋友們只會一臉莫名其妙地看著孩子說「你怎麼突然這樣？」、「你簡直就是冷場王！」，因為自己憤怒的心情得不到支持，孩子會感到更加受傷並退縮。

面對這樣的孩子，父母應該告訴孩子，一味忍耐並不是好事，也要幫助孩子好好表達自己的心情。

因此，父母必須打破「好好聽話才是乖孩子，不聽話就是壞孩子」的思考框架——唯有好好聽父母的話才稱得上是乖寶寶，這樣的觀念其實是錯誤的！如果一個孩子永遠順從父母，他根本就不是在過屬於自己的人生，只是在演一個乖寶寶的人生而已。父母應該認知到，孩子能堂堂正正地表達自己的主張、自己的意見、自己的心情，是多麼重要的一件事情，我們必須幫助孩子好好完成這項任務。

♥第二，孩子會盲目或過度地發洩怒氣

這種孩子在發脾氣時，往往不經過思考就採取行動，這樣的行為可能會讓孩子陷入危險，也會對其他孩子造成傷害。舉例來說，有些孩子在發脾氣時，會做出自殘的行為，來表達自己的負面情緒，有時甚至還會「咚咚」地瘋狂用頭去撞牆，或是胡亂重擊自己的臉龐或胸部。

這種自殘行為，在孩子的語言發展尚未完全成形時，可能會作為表達自身憤怒、挫折等情緒的管道，有時也會成為塑造孩子性格與特質的原因。無論在什麼情境下，只要孩子有過度發洩憤怒的情形，父母都應注意孩子情緒調節能力缺失的訊號，此時要做的，就是告訴孩子如何正確表達自我情緒，以及消除負面情緒的方法。

此外，當孩子出現自殘行為時，為了盡可能確保孩子不要受傷，應該把危險物品全部收起來，像是易碎品和尖銳物品等，要收得越遠越好，直到孩子的激動程度下降到最低為止。當孩子開始出現自殘行為時，父母不要

也跟著激動起來，避免造成過度的刺激；同時，為了防止孩子受傷，也要找到防範這種情況發生的方法，快速進行應對。

然而，由於孩子的自殘行為大部分都會在一瞬間結束，所以父母可能也來不及阻止。當孩子結束自殘行為，父母最好先為孩子治療傷口，等到孩子激動的情緒平息後，再開啟對話。我們可以跟孩子聊聊受傷的地方怎麼樣、這樣子做之後心情有沒有比較好、這樣的行為為什麼危險等等，從共鳴來開啟對話是非常重要的。

不過，若是自殘行為越來越嚴重，次數也越見頻繁，就不要試圖光靠父母的力量來解決，最好接受專家的治療。

❤第三，把怒氣發洩到昆蟲或動物身上

當孩子發脾氣時，若把自己飼養的昆蟲或寵物當作緩解壓力的工具，就可能出現殺死昆蟲或傷害寵物的行為。像是毆打小狗來出氣，或是把昆蟲

的腳一隻隻殘忍折斷的虐待行為，就是代表性的情形。大部分父母都認為：「我家的孩子絕對不會做這種事！」、「應該只有一小部分的孩子才會這樣吧……」——但出乎意料的是，很多孩子都會做出這樣的行為。

面對這樣的孩子，最重要的是讓他們了解生命的寶貴之處。我們必須從孩子的角度出發，明確告訴他們，對待即使是看似渺小的生命，殺害或虐待都是絕對不可以有的行為。唯有讓孩子深刻地認知、明白生命的寶貴之處，才能夠改正這樣的行為。

小小的調節力，讓品格更完整

只要父母好好教導孩子，孩子就可以用更圓滿、更成熟的方式來表達情緒。適當的情緒調節，除了能幫助孩子的人生走得更順利，也可以賦予孩子自我控制的力量。

任何人都有發脾氣的時候，沒有人能一直強忍著生氣的情緒活下去；如果在強忍怒火後一下子爆發出來，屆時情緒很有可能一發不可收拾。如果孩子一直壓抑著怒火，在發脾氣時根本聽不到父母的聲音，整個人也會變得越來越激動。

在這種情況下，最好等到孩子冷靜下來，而且父母要保持沉穩，不要表現出任何情緒。如果父母比孩子更生氣地對待孩子，孩子的怒火可能看起來好像暫時停下來了，但那只不過是父母的錯覺罷了，因為孩子的怒火之所以會停下來，是看到父母比自己更生氣，而不是怒火平息的緣故。憤怒會不斷累積，過度的情緒爆發隨時都有可能重演，理解這一點、沉穩地等到最後，以及保持一貫的態度是十分重要的。

如果想要讓孩子正確發脾氣，我們就要告訴孩子「面對怒火的方法」。只要我從小開始教導孩子「正確發脾氣以及自行解決怒火的方法」，孩子就可以學會控制憤怒的情緒，尋找更進一步的解決方法，幫助孩子更為成熟。只要父母保持一貫的態度，在旁邊關心，並適時給予幫助的話，孩子就會依照自己的調性，讓自己的品格更加完整。

平息憤怒情緒的遊戲方式

等到孩子「憤怒的情緒」冷卻下來後，父母最好能跟孩子一起玩遊戲，將孩子的心轉移到正確的方向。接下來，我們介紹四種有助於孩子平靜下來的遊戲方式。

♥兒歌療法的應用

挑選適合孩子發展階段的歌曲，親子一起歌唱，只要挑選孩子喜歡或平時耳熟能詳的歌曲就可以了。在一起唱兒歌時，孩子可以調節緊張的呼吸，產生安全感。舉例來說，我們可以教導孩子在「憤怒的情境」下唱喜歡的韓國兒歌《三隻小熊》，越是感到憤怒，就重複唱越多次。

「你現在感到很生氣嗎？我們來唱三隻小熊，直到這種心情平息下來吧？由媽媽先開始。」只要父母像這樣率先對孩子的「憤怒情緒」給予認同，不慌不忙地跟平常一樣開始唱歌的話，孩子下次生氣時就能自己唱《三

隻小熊》，讓心情逐漸平靜下來。

直到孩子學會自己這樣做之前，我們必須讓孩子養成這樣的行為習慣，而出乎意料的是，這比想像的輕鬆許多。

❤利用枕頭或軟墊來發洩怒氣

我們可以拿軟軟的物品，讓孩子用腳踢、用指甲抓、用手擠或掐等等，讓他們盡情發洩。這是個既不會危害其他人、造成傷害，也能幫助孩子緩解壓力的好方式。只要我們引導孩子採取這種方法，孩子下次也會懂得透過屬於自己的方式來發洩怒氣，此時若把枕頭或軟墊擬人化，幫助孩子把生氣的原因說出口會更好。

❤使用家庭用兒童沙包

兒童用的「沙包」是發洩能量、表達情緒的好工具。對孩子們來說沒有危險，很安全，也是運動時會使用到的工具，可以讓孩子們適當地盡情捶打，既能當成運動，對緩解負面情緒也有很大的幫助。

❤透過塗鴉表達情緒

在大張的紙上（全開紙的大小很適合），用蠟筆或顏料盡情塗鴉吧！若是孩子會寫字，也可以直接把自己生氣的原因寫在紙上。我們要告訴孩子，不是要畫一幅漂亮的畫，而是隨心所欲地用任何顏色來表現內心，可以隨意擠壓顏料、用手掌搓揉，也可以用腳底沾顏料盡情揮灑。塗鴉本身就有助於孩子表達緊繃與不愉快的情緒，所以能達到緩解壓力的效果。

若有時間透過遊戲來進行自我平靜與調節、緩解憤怒的情緒，孩子們就能學會面對自身的情緒，自然地掌握調節情緒的方法。

當孩子的情緒號誌燈亮起了綠燈

在盡情發洩怒氣後，若孩子逐漸平靜下來，孩子內心的情緒號誌燈就可說是亮起了綠燈。此時，父母要察覺孩子已經「做好了溝通的心理準備」，接著就能進行親子對話。我會推薦家庭玩「情緒號誌燈」遊戲，一起創造出情緒號誌燈，根據顏色來解讀孩子的心情。

首先，我們可以與孩子一起畫一組情緒號誌燈，接著對孩子說明紅燈是「還在生氣」、黃燈是「心情還沒有完全平復」、綠燈是「現在心情已經平靜下來了」。接下來，再告訴孩子使用號誌燈的顏色來表達心情（若利用不織布或便條紙之類的材質來製作燈號，可以反覆黏貼、撕取，會更加方便）。

只要像這樣，先把情緒號誌燈做起來放著，當孩子心情不好或感到憤怒時，就可利用這組情緒號誌燈來表達心情。這對親子雙方都有好處，因為孩子會為了改變情緒號誌燈的顏色，而主動努力平息自身的情緒；父母也

可以看到孩子的情緒逐漸平靜。

只要父母嘗試傾聽孩子的心情，並配合孩子的時間給予等待，相信孩子就能在成長的過程中盡情吸收情緒的養分，幫助他們的社會性更加豐沛。

Chapter 5

只要改變生活習慣，自我調節能力就會提升

少了父母過多的介入與過度保護，
孩子才能自己體驗各式各樣的事物。
父母應該採取一個「恰到好處」的角色，
為孩子指引道路——
我們一定要牢牢記住，
孩子人生的主體是「孩子自己」。

給予孩子練習自我調節能力的時間

父母可以成為孩子的人生教練，卻不能代替孩子在場上奔跑；幫助孩子培養獨立生活的能力，並在他們身邊給予注視與等待，這就是父母所能做的一切了。

讓我們從孩子的人生中退場吧

大部分的父母依然認為「對孩子來說讀書要緊」，很多人都會強調讀書是首要任務，把書讀得好則是最佳目標——但真的是這樣嗎？

只要考上知名大學，就等於踏上了成功的人生？這樣的想法現在早就落伍了！社會已經改變，世界也改變了，父母引導孩子進入一流大學的窄門往往是為了滿足自己，而不是看孩子的特質與能力；而且在這個時代，一流大學已不再是決定成功與否的關鍵了。

父母可以成為孩子的人生教練，卻不能代替孩子在場上奔跑；幫助孩子培養獨立生活的能力，並在他們身邊給予注視與等待，這就是父母所能做的一切了。然而，還是有許多父母會過度放大、高估自己的角色。

這些父母不會給予孩子練習的時間，不管是多麻煩的事情，都由父母來承擔；難道他們認為在孩子的人生中，任何困難都永遠能獲得解決嗎？在當下，孩子或許會感謝父母的幫助，也會覺得很輕鬆，但孩子總有一天要離開父母的羽翼。當他踏上自己的道路時，我們還能緊緊跟在孩子旁邊給予幫助嗎？

這樣的孩子，在生活中會缺乏自行克服困難的經驗，所以在離開父母的懷抱後，比起試圖面對與克服難關，放棄與挫折的心情往往會顯得更加強烈。孩子可能連「應該如何度過目前的困境」、「是否是自己需要經歷與克服的難關」都無法判斷，導致他們驚慌失措，徘徊不定，出於混亂與恐懼而當場癱坐在那裡。

為什麼不可以說「你應該好好讀書」？

「你只要好好讀書就好了，剩下的媽媽都會看著辦。」這句話是讓孩子變得脆弱的最大捷徑！身為父母應該做的，不是提供「只要讀書就好」的舒適環境，人生不是只有美好的日子，孩子的人生亦是如此，或許反而會面臨更多的困難與各種動盪的時期。有時在狂風暴雨中，在沒有父母的幫助下，孩子必須自己好好撐下去，所以父母應該告訴他們，如何面對真實人生中會遇到的困難。

如果父母不願意讓孩子練習，就等於阻止了孩子培養獨立自主的能力。唯有讓孩子體驗人生中可能遇到的各種情況，他們才能在嘗試各種解決方式的過程中學習、成長。如果孩子只顧著讀書，其他事情都不做，在走入世界以後，孩子就很有可能變成「只擅長讀書」的孩子。但是，世界不是只有加減乘除而已，這樣的孩子往往很難適應陌生的環境。

父母應該告訴孩子，當他們在人生中遇到困境的大雨時，要如何躲開；

舉例來說，在生命面對狂風暴雨時，我們可以撐傘、穿雨衣，或者暫時躲到屋簷下，有各種躲開大雨的方法。父母應該培養孩子在困難中也能堅持下去的力量，而不是過度干涉、介入孩子的人生，因為孩子總有一天會離開父母的懷抱，而我們必須認知自己無法保護孩子一輩子。

少了父母過多的介入與過度保護，孩子才能自己體驗各式各樣的事物，在其中掌握與學習。父母應該採取的態度，就是等待孩子學會獨立自主，扮演一個「恰到好處」的角色，為孩子指引道路。我們一定要牢牢記住，孩子人生的主體是「孩子自己」。

孩子的自律性與媽媽的耐心正向相關

孩子必須從小學習如何一個人獨立自主。到了三、四歲，孩子就會想自己穿鞋子，在這個年紀，自己穿鞋對孩子來說也是一件了不起的事情，經歷了無數次的嘗試錯誤，孩子才終於學會了自己穿鞋。

然而，此時媽媽要保持耐心注視著孩子並非易事，如果是急性子的父母，往往無法給孩子笨拙的模樣多一點等待，只會直接幫孩子穿上鞋子。除此之外，還有很多家長因為急著出門，而難以忍受為了讓孩子自己穿鞋而耽誤了時間。

但是，讓我們從孩子的角度出發來想想看吧！孩子雖然很笨拙，但還是在試圖獨立挑戰些什麼；雖然內心迫切想做好，但鞋子卻總是跑掉，別說區分左邊和右邊了，就連腳都很難好好放進去。孩子努力嘗試各種方法的過程，對孩子來說是非常寶貴的時間，因為這是他首次體驗到獨立性和自律性的瞬間；雖然在父母眼中可能只是微不足道的行為，但對孩子來說可是一件大事。

然而，如果媽媽此時制止了孩子，孩子的心情會怎麼樣呢？隨著孩子能獨立完成的事物逐一增加，往往會產生「我自己做得到」的自信，在解決生活中出現的小小任務時，他的自信就會獲得成長。因此，就算只是簡單的穿鞋、脫襪，我們也不妨試著交給孩子獨立完成。

我們無法幫孩子過他們的人生，也不能永遠當孩子的手和腳。有些媽媽在孩子提出要求前，就一邊習慣性地幫孩子把所有事情都做好，一邊告訴孩子「你沒有媽媽就什麼都做不了啦？」。如果嘴上抱怨孩子什麼都不會做，讓自己很辛苦，實際上卻幫孩子把所有事情都做好，那麼就應該立即停止這樣的行為。

進一步來說，有些媽媽會強調自己的存在感，說孩子需要自己，得意洋洋地自誇「這種媽媽上哪裡找？」——對媽媽而言，這種優越感是不需要的。沒有人打從一開始就很厲害，不管是什麼事情，大家在剛開始都很笨拙，再透過反覆練習來掌握。學習過程也是如此，小孩一個人穿鞋剛開始可能需要很長的時間，但只要反覆練習，他就會逐漸熟悉，最終獲得成功。

我們要記住，在能獨立把事情做好的孩子背後，都有願意信任、注視著孩子的父母。儘管孩子的模樣很笨拙，但只要父母願意耐心等待，孩子的自律性和獨立性就可以牢牢扎根。

透過練習，增進自律性和自我調節能力

有的孩子總是不懂得禮讓，最糟糕的是甚至只想到自己，隨心所欲地採取行動。不過在這樣的孩子身邊，往往都有態度過於縱容的父母，這些父母就算看到孩子自私自利的行為，也只會說「孩子們之間玩著玩著本來就可能會這樣」、「長大之後就會好了」，毫不在乎地合理化孩子的行為，這完全是父母的錯覺。

如果父母無條件地配合、一味縱容孩子的行為，這種態度會帶來難以逆轉的傷害。孩子到兩歲左右就會自己走路、即使語句不夠完整也能表達出想法，從此時開始，雖然仍然笨拙，但他能獨立完成的事情會越來越多。前面說過，若此時媽媽因為著急而幫他把事情都做好，而不是給予等待的話，孩子就會失去自己練習的機會，這點同樣適用於培養禮貌、禮儀和尊重對方的態度。我們應該引導孩子自己親自完成，無論是媽媽代替孩子道歉，或是幫他們把事情做好，都是錯誤的。

過度保護的父母不願意提供練習的機會，直到孩子逐漸長大，才要求孩子的自律性與自我調節能力，而且如果孩子的表現不符期待，父母往往就會控制孩子，同時強行灌輸想法。但孩子已養成了強烈的依賴傾向，所以無法獨立完成任何事情，只會緊緊地跟著父母，無條件把一切都交給父母處理，這是由於「他律性」的習慣所致。

這時，父母應該根據發展階段，告訴孩子適當的界線在哪裡，並允許孩子在界線內做自己想做的事情。我們應該讓孩子握住湯匙，學習如何自己吃飯，即使打翻了水碗，也要讓孩子學著怎麼自己喝。如果孩子有想穿的衣服（只要符合季節），不妨讓孩子按照自己的意思來穿搭，選擇他想穿的鞋子來穿，要是孩子穿著自己挑選的造型在鏡子前微笑，就表示他對現在的自己非常滿意。

賦予孩子自發性動機

當孩子自發性產生動機時，自律性也會自然獲得發展，所以賦予孩子自發性動機，遠比任何事情都還要重要。適當程度的容許不會影響到孩子的健康或安全，也不會給別人造成傷害，親子雙方各執己見的事情，其實大部分都不是什麼太嚴重的問題，不管孩子要穿什麼衣服，顏色的搭配會不會很奇怪，只要孩子選擇好了，這件事情就讓它到此為止。要玩什麼樣的玩具、在麵包店要選什麼麵包，不妨都交給孩子吧！在一點一滴累積這種經驗的同時，孩子就會獲得自律性與自我調節能力。

在養育兩個孩子的過程中，我常常都在和他們吵架。比如有時候在幼兒園要上體育課時，因為擔心孩子不方便活動，所以想讓他穿褲子，但孩子卻鬧彆扭說想穿裙子去上學。現在回想起來，明明就不是什麼大不了的事情，但我們每天早上都會對彼此產生負面情緒。明明就算孩子穿裙子，也只是沒辦法好好參加幼兒園的體育活動而已，我卻因此和孩子爭執不下，只為了想挫挫她的銳氣——我替當時的自己感到羞愧。

就算孩子按照自己的選擇，穿著裙子去上學，又怎麼樣呢？如果她在體育課上因為裙子而感到不方便，孩子就會根據這份經驗，下次選擇穿褲子去上學。如今我才反省到，當時的我只考量到是否方便，卻沒有顧慮到孩子的自律性，因此錯失給孩子選擇的機會，這樣的想法實在過於草率。

唯有給孩子充分的機會和時間，練習正確的自律性與自我調節能力，孩子才能夠嘗到失敗的滋味，累積屬於自己的經驗值，這也是孩子長大後在社會上與他人建立關係，並且生存下去的基礎。

激發孩子的興趣，創造動機

如果缺乏動機，往往很難爬上漫長的人生階梯。我們要給予孩子充分的機會，讓他對當下做得到的事情抱持現實的目標，同時產生小小的成就感。

把注意力放在孩子「喜歡的事物」上

對於孩子來說，動機比學習能力更為重要！當孩子抱持動機，主動累積成功經驗時，就會加倍努力，自我肯定感也會獲得提升。就算我們看著孩子的結果，給予孩子連連稱讚，但若學習能力缺乏足夠的動機，往往也沒辦法持續太久。

經常出現的例子，就是「青春期遲來的孩子們」。

有的孩子一次也沒有違抗過父母的意思，考上了知名大學後卻突然放棄學業，跑到歐洲展開背包客之旅；或者為了成為作家，從醫學系中途輟學；甚至有的孩子在人人稱羨的大企業裡上班，卻在工作幾個月後決定放棄所有履歷……也就是直到長大以後，才宣布要過自己渴望的生活。雖然這些孩子在父母的期望下走完了學習之路，但最終還是為了追尋自己渴望的人生，漂蕩地進入不安的漫長隧道。

如果不讓孩子去追尋自己渴望的事物，他們隨時都有可能喪失在人生海洋中航行的動力。

因此，即使孩子再小，我們也不可以單純用學習能力來評價孩子，或由於孩子很聽話，就輕率地認為這就是孩子想要的。因為學習能力、考試結果、成績之類的事項，都無法提升孩子的動機；孩子對什麼有興趣、會從什麼樣的事物獲得刺激、關注對象是什麼，這些才是能刺激孩子動機的催化劑。

遊戲與學習，兼顧兩者的方法

若想為孩子創造動機，父母最好可以從孩子喜歡和感興趣的事物出發，在兼顧學習與遊戲的過程中，就可以好好發揮賦予動機的正面效果，孩子也可反覆嘗試、練習自己喜愛的事物，同時讓學習不間斷。在這樣的情況下，孩子既可以自己解決問題，又可以產生成就感，就算遭遇失敗或挫折，因為是自己感興趣的事物，往往也能燃起動力再次挑戰，進而取得成功。

舉例來說，當孩子說自己非常討厭寫數學習題本時，與其責備孩子「你這麼不愛讀書，怎麼跟得上學校上課的進度呢？你到底有沒有腦子啊？」，讓孩子感到難堪，不如透過孩子喜歡的活動，引導孩子學習或轉移興趣。如果孩子喜歡摺紙，我會建議父母在這項活動中加入希望孩子學習的數學，還有難度稍微高一點的書：

「這裡有一本可以摺出圖形的書，你要不要挑戰看看？從正六面體到正十面體都摺得出來，看起來是不是很有趣？」

像這樣試探性地推薦孩子書籍也是個好主意，孩子或許不會馬上接受這個提案，但孩子會開始留意那本書，只要耐心等待，在不知不覺間，孩子翻開那本書玩摺紙的日子就會到來。

只要父母稍微轉移一下視線，掌握孩子有興趣的對象，並在其中加入學習元素，推薦給孩子，無論是成功的經驗還是失敗的經驗，都能讓孩子有所獲得。我們要做的就是相信孩子，並且不斷提供機會。

如果父母提議孩子進行喜歡的活動，再把活動連結到其他學習上，孩子就不會認為這是無聊的學習。這是讓父母與孩子不發生衝突，同時實現彼此願望的明智方法。

如果孩子缺乏動機，往往很難爬上漫長的人生階梯，我們不妨根據孩子的發展階段，給予充分的機會，讓他對當下做得到的事情抱持現實的目標，同時產生小小的成就感，進一步讓孩子獲得各式各樣不同的機會，盡情揮灑自身的天賦和興趣。

只要換個問題，答案也會隨之改變

如果問孩子「你長大以後想當什麼？」，他們可能很難給出明確的回答，大部分孩子都會表示自己還不太清楚。在這種情況下，父母就應該改變提問的內容，我們不妨這麼問孩子：

「你喜歡的東西是什麼？」、「你喜歡什麼遊戲？」

只要換個內容來詢問孩子，孩子就能清楚表示出自己的喜好，比如說「我喜歡恐龍」、「我喜歡救援小英雄波力[6]」、「我喜歡踢足球」等等。

我們應該要改變觀點，舉凡「我家小孩沒有夢想」、「我真的不知道他喜歡什麼」之類，都是父母自己錯誤而草率的判斷。在玩得很開心時，孩子是不會感到無聊或厭倦的，如果是在自己感興趣的事物範圍內，無論重複多少次，孩子都不會失去興趣，專心投入在其中。

這個對象可能是玩具、魚或昆蟲，有時可能是運動，也可能是出現在電視裡的主角。每個孩子關注的對象都不太一樣，如果發現孩子可以長時間投入而不感到厭倦，父母就應該意識到，那正是孩子關注的事物。想了解孩子的內心，就必須從這裡出發。

小小成就感的累積，將成為巨大成就感的根基

成功人士的童年都有一個共通點，那就是從小就獲得了成就感的體驗。能讓孩子輕易取得成就感的最佳方式是什麼呢？

不一定非得要擬定什麼宏偉的計畫，按照計畫實施和完成，如果孩子從童年時期就開始幫忙做家事，哪怕時間很短，也可以品嚐到成就感的滋味，與沒有做過家事的孩子比起來，會做家事的孩子自立心和責任感都會比較強，獲得成功的可能性也比較大。

6 韓國兒童卡通。

不一定要是什麼困難的事情，只要是孩子能獨立完成的事情就可以了，比方說整理玩具、把垃圾丟到垃圾桶裡、餵寵物吃飯、幫花草澆水、整理玄關的鞋子等等，有無數的家事可以讓孩子們培養責任感。只要根據孩子的發展來調整難度，給予他們一個人獨立完成的機會，像是把襪子、衣服放進洗衣籃裡，孩子就能從微小而瑣碎的事物中產生成就感，自信也開始萌發。

要注意的是，就算孩子幫忙做家事，我們也不可以給予獎勵。舉例來說，如果我們給孩子「零用錢」當作報酬，或幫他們買玩具，這都是不對的；家事是身為家人理所當然要參與的事務，若我們對本來就應該做的事情給予物質上的獎勵，就會讓做家事淪為一種交易，而不是一種參與。對孩子來說，稱讚和鼓勵的話語遠比起物質上的獎勵更好，如果對理所當然應該做的事情給予物質上的獎勵，只會妨礙孩子的成長而已。

在打掃客廳、清空垃圾桶、整理玄關的鞋子以後，看著乾淨的家，孩子就能夠產生成就感，而這份成就感，將會成為孩子不會被任何事物改變的自信心泉源。只要透過這種方式建立起來的成就感匯聚在一起，就能夠培養「我可以一個人做到」的自信心，進一步確立自我肯定感，這才是孩子賦予自身動力的人生基礎。

適當的期待與稱讚，可以培養孩子對於成就的渴望

如果父母的期待過高，或者相反地太低或漠不關心時，孩子對成就的渴望就會減少，自信心也無法獲得發展。尤其如果父母寄予太多的期望，想要追求十全十美，孩子往往就會出於對失敗的恐懼，而漸漸失去動力。

假設有一個孩子在拿到考卷的評分結果後感到十分滿意，自信地向父母展示了成績單，但是父母在看到孩子的分數後，卻說「你只得到八十分而已啊，辛苦你了」，此時孩子的內心可能就會留下巨大的創傷。與父母拋出的那句「辛苦你了」相比，「只得到～啊」這份失望的語氣與態度留下的烙印更深。隨著孩子的自我肯定感越來越低，孩子往往會對父母感到失

望，也會對自己感到失望，儘管孩子起初認為自己已經做得夠好了，但父母的態度卻導致孩子的自我肯定感崩塌殆盡。

反過來說，如果父母對孩子寄予的期待過低，甚至說「你愛怎麼做就怎麼做」，此時孩子可能就不會渴望有所成就。甚至有些父母對孩子不抱任何期待，這種父母所表現出來的，都是近乎漠不關心的態度，他們大都對於孩子的生活和學習毫無興趣，往往只會把注意力放在自身的問題或生活上。在這種情況下，父母與孩子幾乎沒有溝通的機會，無論是對成就的渴望，還是自信心的發展，都只會與孩子漸行漸遠。

孩子是看著父母學習的，與其直接把魚送給孩子，我們不如教導孩子捕魚的方法。我們應該持續努力給予共鳴和理解，同時激發孩子的動力，千萬不要忘記，適當的期待、稱讚與鼓勵，就是實現這一點的根基。

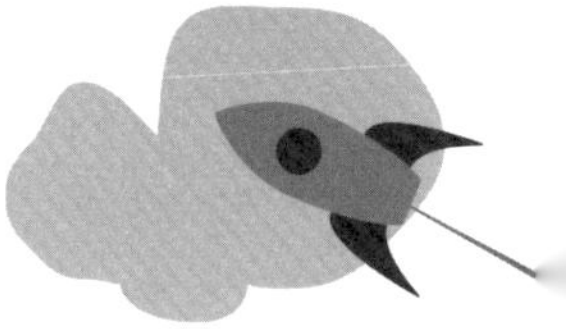

養成時間與遊戲的管理習慣

父母應該自己先努力做好，才有資格要求孩子努力。從父母親自示範的想法中，孩子可能也會獲得刺激，進而化為一股巨大的動力。

沒有任何事情是自然而然就會的

父母在管教孩子時，有一個值得注意的地方，那就是不要在沒有告訴孩子正確方法的情況下，就質問孩子怎麼連這點程度的事情都做不好。

從「你為什麼這麼沒有毅力？」到「這點程度的事情你不是應該自己做嗎？」，父母對孩子們往往有各種「酸言酸語與碎碎念」，我之所以如此稱呼，是因為父母根本沒有打算實際給予教導，就擅自把責任推卸給孩子。

毅力與責任感之類的特質，必須以自我調節能力為基礎，但這種能力並不是在某一天自然而然產生的——換句話說，這不是孩子自己就能學到的事情，所以如果沒有告訴孩子學會調節的方法，我們就不可以出言責備或傷害孩子。

在這種情況下，父母應該給孩子一段時間，等待他好好培養調節的力量；如果孩子確實守住規則或約定，我們就應該給予適當的獎勵。

這裡的關鍵在於，必須用孩子喜愛的活動加以鼓勵，與其提供物質上的獎賞，不如給予充分的時間，獎勵孩子從事自己喜愛的活動。舉例來說，讓孩子舒服地觀看自己喜歡的 YouTube 影片、看電視、閱讀和製作漫畫書等，我們應該肯定孩子喜愛的活動，並且保障他們有充分的時間能愜意地進行。

如果要求孩子無條件地撐下去，往往很難培養自我調節能力。只要父母可以獎勵辛苦努力的孩子，讓孩子充分進行自己喜愛的活動，並且給予稱讚與鼓勵的話，孩子往後也能再次發揮毅力。

只要孩子好好撐過這段時間，建立起「在這之後，我就能從事喜歡的活動，獲得充分的獎勵」的信念，那麼無論是對於父母的信任與依賴，或是規則與約定的重要性，都得以注入到孩子身上。唯有如此，孩子才會產生好好遵守規則與約定、為了忍耐與調節而付出努力的力量。雖然很辛苦，但是只要相信「在堅持下來以後，屬於自己的甜蜜美好時光終將到來」，大部分的孩子都會願意遵守約定。

讓我們試著從收拾書包開始吧

隨著孩子年級的提升，通常會學著自己收拾書包和準備該帶的物品，但有的孩子即使到了二年級甚至三年級，也做不好這件事情。此時在責備孩子之前，父母應該先回頭檢視一下自己的養育態度。

當孩子還在低年級時，父母可以協助孩子，但過了一年級以後，如果父母持續介入，孩子可能就會對親自準備必備物品和作業漠不關心。孩子需要學習的，是親自收拾書包的習慣，這點也可以視為孩子練習準備自己上學的開端。

萬一孩子還沒有養成習慣，就突然叫他一個人準備，孩子可能會不知道怎麼開始，我們可以與孩子分階段進行收拾書包的練習。父母要暫時放下「如果漏掉該帶的物品怎麼辦？」、「他會不會沒有帶到作業？」、「如果沒有好好簽完聯絡簿就出大事了」之類的擔憂，請試著先讓孩子一個人準備，再一起檢查，這些問題都會獲得解決。

只要給予孩子充分的機會，經過幾次嘗試錯誤，孩子最終就會找到屬於自己的方法。就算不小心漏掉了該帶的物品，也不需要幫忙補上，因為孩子會藉此學到其他事物——在面臨這個結果的同時，會獲得「我不可以再漏掉該帶的物品」的教訓。

父母必須成為願意退後一步等待孩子學習的人，我們應該為孩子建立一個舞台，讓他們能從各種失敗與經驗中學習。

就算孩子在學習能力的發展上高於同儕，但在打掃周圍環境、收拾書包、準備該帶的物品等方面明顯表現出較低的水準，就無法認定他處於適當的發展程度，因為所有發展都必須是協調並進的。

父母不應單憑孩子特定的學習能力而加以誇獎，而是要用客觀的角度來審視兒女有什麼不足之處，給予充分的幫助與引導，在生活中培養孩子需要的能力。

一個行動，遠比一百句話更重要

如果想讓孩子在日常中達成有效的自我管理，父母首先就要表現出以身作則的態度。當父母在生活中親自展示給孩子看，並且教導他們有效管理自我的方法時，孩子就可以自然透過習慣來學習。

沒有任何方法，能讓孩子靠自己學會自我調節，為了激發孩子的動力，父母應該親自透過行動來樹立榜樣。如果想告訴孩子事先計畫的重要性，父母何不先制定計畫、度過一天給孩子看呢？如此一來，孩子可以親眼見證生動的「沉浸式教學」，也能作為他們下次自己制定計畫時的參考。除此之外，從父母親自示範的想法中，孩子可能也會獲得刺激，進而化為一股巨大的動力。

有句韓國諺語叫做「百言不如一行」，意即與其講一百句話，不如透過行為親自示範給孩子看。孩子往往會把父母的行為當作樣本，所以不要只是命令孩子「去學習」、「去讀書」，而是在規律的生活中示範，孩子自然就會跟著做。如果父母什麼事情都不做，只是丟出一大堆義務事項、對孩子發號施令的話，「明明爸爸和媽媽都沒有做到，每天就只會叫我做事」這顆不滿的種子，就會在孩子的腦海中發芽壯大。

明明對孩子強調約定和規則，但父母自己卻常常不願意遵守，直接忽略這些約定和規則。如果父母在孩子面前也沒辦法調整好心情，一天到晚找藉口說「因為我今天心情⋯⋯」、「因為今天公司事情⋯⋯」，卻希望孩子有均衡的調節能力，那只不過是空想罷了。除此之外，不把父母當一回事的念頭，也可能在孩子的內心悄悄萌芽。

不要讓孩子們「爆氣」

不管自身的心情如何，父母還是有需要無條件遵守的生活規則。如果因為和老公吵架，就不幫老公準備早餐；因為今天的電視節目很有趣，就比平常晚睡；甚至藉由幫孩子和另一半買東西的名義，進行沒有計畫性的購物……孩子在目睹這些行為後，往往很難繼續乖乖聽父母的話。

「大人」這個身分，絕對不是可以在這個世界上隨心所欲，不管做什麼事情都會被允許的。在大人身旁，有孩子們在注視著一舉一動，如果不願意做好調節，又想要孩子培養調節能力，站在孩子的立場來說，就是會讓人「爆氣」（形容極為巨大的憤怒）的事情。

父母應該自己先努力做好，才有資格要求孩子努力。父母必須告訴孩子，無論心情如何，有些日常事務即使不想做，也一定要完成，就算很麻煩、沒有任何人願意做、大家都想拖延，但只要父母先站出來示範給孩子看，不是因為有別人要檢查，而是為了自己與家人的健康，必須有規律地執行，孩子們就會跟著父母這麼做。

活用手機鬧鐘&計時器

在告訴孩子應該完成的事情後，就可以說明練習開始和停止的方法了，這會幫助孩子們更有計畫性地使用時間。

舉例來說，在著手進行規劃好的事情前，只要事先用手機設定好鬧鐘什麼時候響，就不會忘記想要開始的時間。此外，只要在執行時啟動計時器，把完成時間記錄下來，將有助於下次衡量所需的時間。只要運用鬧鐘功能或計時器功能，透過視覺和聽覺刺激來調整時間，在制定、執行計畫時就會更有效率。

在這段過程中，也可讓孩子同時練習遵守規則和約定。只要鬧鐘的聲音反覆個幾次，即使孩子拖延，也能在適當的時機重新取回注意力；除此之外，在執行時一次用聽覺（鬧鐘的聲音）、一次用視覺（計時器）也是個好主意，只要像這樣活用兩種刺激，就可以練習更有效地檢視時間。

培養和練習自我調節能力在一開始或許不太順利，但只要父母從旁協助，等待孩子養成習慣，他就會漸漸覺得自我調節與規劃並沒有那麼困難。自我調節能力是形成與執行社會性、學習能力、日常生活習慣的核心力量，希望各位都能成為帥氣的父母，與孩子一同確實建立這股力量。

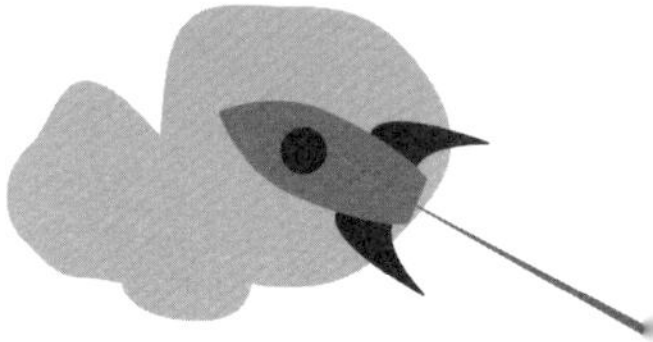

創造能夠克制欲望的環境

如果缺乏動機，往往很難爬上漫長的人生階梯。我們要給予孩子充分的機會，讓他對當下做得到的事情抱持現實的目標，同時產生小小的成就感。

棉花糖實驗必須有所改變

孩子們的忍耐力通常都不太持久，所以與其強迫孩子一味忍耐，不如告訴他正確忍耐的方式，會更加有效。世界正在迅速變化，在資訊氾濫的世界裡，雖然也不乏有用的訊息，但對大腦思考尚未發育完全的孩子來說，更多的是可能帶來危險的資訊。因此父母應該為孩子指引方向，讓他們即使在急遽變化的環境中，也能好好地堅持與成長。

能幫助孩子的方式，並不是一味阻隔危險的環境，因為無論想怎麼試圖控制，都是行不通也不合理的。在現在這個時代，孩子們只要透過同儕、網路和社群網站，隨時都可以接觸到任何資訊，這也是為何培養孩子自我調節的能力如此重要的原因。

在談到自我調節能力時，往往會提到「棉花糖實驗」。在一九六〇年，史丹佛大學教授沃爾特·米歇爾（Walter Mischel）與同事進行的這項實驗，長期以來都是用於評價幼兒調節能力的標準。在這個實驗中，評估人員先給孩子一個棉花糖，並且向孩子提議，如果等待十五分鐘、不把棉花糖吃掉，就再給孩子一個棉花糖。換句話說，只要耐心等候，孩子就可以得到兩個棉花糖。根據研究團隊報告顯示，在這項實驗中耐心等候了十五分鐘的孩子，後來在學業上的成就通常會比較高，社會性與人際關係也比較良好；此外，也較少出現體重過重或濫用毒品等問題。

當然，並不是參加這項實驗的所有孩子都能保持耐心等到十五分鐘，面對眼前美味的棉花糖，孩子們往往很難忍耐——但我們真的可以斷定，那些無法忍耐的孩子，就是自我調節能力低落的孩子嗎？

如果我們改變思維，採用其他方式，會有更多的孩子可以等到十五分鐘。舉例來說，如果把棉花糖放進箱子裡，讓孩子暫時看不見，或提供能讓孩子保持專注的其他玩具，甚至乾脆讓孩子到其他房間等十五分鐘，相信結果會截然不同。比起看著眼前的棉花糖忍住不吃，在得到協助的情況下，孩子通常能更輕鬆地堅持到最後！

只要利用各種方法，讓孩子不要只盯著眼前的棉花糖，他們就會更能抵擋誘惑。近來的研究，也對棉花糖實驗既有的結果抱持懷疑態度，有人指出這項實驗忽視了兒童的社會與經濟背景，也有人指出各種條件的不完善。

我個人認為，在棉花糖實驗中，應該是由大人創造一個讓孩子有能力控制欲望的環境，而教養也是如此。父母應該扮演的角色，不是為孩子製造誘惑的種子，並且實驗孩子可以忍耐多久，而是應該盡可能營造適合的環境，讓孩子能克制、忍住自己的欲望。當身邊的人為孩子提供幫助時，孩子就更容易克服誘惑，從而獲得忍耐力。

「欲望隔絕服務」，是父母最起碼要送給孩子的禮物

營造能讓孩子學會控制欲望的環境，是父母給孩子最起碼的關懷與禮物，因為孩子在控制、調節、自行制定與執行計畫的機能上尚未成熟，而父母卻可能在日常中破壞孩子自我調節能力。以下介紹兩個最為常見的例子：

❤當孩子去讀書時，父母在做什麼呢？

第一個最常見的例子，就是父母雖然叫孩子「進去讀書」，自己卻坐在客廳看電視。換句話說，明明自己吵吵鬧鬧地開著電視有說有笑，卻命令孩子安靜地乖乖去讀書。當看到孩子暫時走出房間、進入廚房時，有的父母還會責備孩子：「為什麼一直進進出出的？你的問題就在於不能好好集中注意力。」此時孩子不僅百口莫辯，也會對父母感到煩躁。

若父母創造了難以保持專注的環境，又責備孩子沒有集中注意力，這就是不對的。客廳的噪音往往會傳到所有房間，此時父母應該做的，就是盡

可能營造一個安靜的環境，讓孩子能夠專心讀書。

如果父母一定要看電視的話，最好盡量進到臥室裡看；若是臥室裡沒有電視，就應該先尋求孩子的諒解，接著再安靜地收看。在吵雜的環境下，任何人的專注力都會下降。不是只有孩子要尊重父母，當父母盡可能尊重孩子時，孩子也會有責任感地調節自身的心情，加倍努力並克制態度。

❤ 對孩子說「你太胖了，該減肥了」

第二個十分常見的例子，是父母明明勸孩子要減肥，卻又在冰箱裡裝滿食物，或除了孩子以外的其他家人都在吃宵夜。

有的家人會一邊說「你會胖，不要再吃了」、「你應該減肥一下了」，一邊在半夜點炸雞或披薩。這種行為不僅是破壞孩子的調節能力，也可能會傷害孩子的心靈。

食欲這種東西，就連大人都很難控制和忍耐，但父母卻責備孩子的外貌，對孩子說「你太胖了」、「你要減肥了」、「你還在吃？少吃點吧」⋯⋯如果經常對孩子投以這種負面言語，孩子就會受到更深的傷害。如果其他家人都慣性抱持與「減肥」毫無關係的態度，那麼不要說減肥了，孩子甚至可能出於對家人的失望而經歷雙重痛苦。

對孩子來說，與其說是為了外表，減肥更是為了健康。所以我們應該為孩子創造動力，讓孩子能為了健康而試著努力一下。因此，要從父母開始做起，一日三餐健康飲食，搭配適當的運動，為孩子展現健康、節制的生活面貌。

如果父母為了幫助孩子減肥，採用一起餓肚子、控制食欲的方式，那麼孩子就很容易對吃飯抱持負面的態度。減肥不應該以好看為目的，而是要以健康為目的，唯有全家人同心協力，營造出幫助孩子修正飲食習慣的家庭環境，孩子才能學會以健康的方式調節與克制自己，繼而成功達到減肥的目的。

透過最低限度的介入來維持關係

隨著智慧型手機普及，許多家庭都產生了不小的衝突，因為在使用電子設備時，孩子往往很難自行控制與調節，所以我們需要制定一定的約定和規則。只要事先決定好規則，即使父母不嘮叨或介入，也可以有效地監督孩子的網路生活。

首先，我想建議父母盡可能推遲幫孩子購買智慧型手機的時間，在智慧型手機介入的瞬間，親子關係就會明顯產生困境。如果可以的話，把提供智慧型手機的時機，推遲到小學高年級後最為理想。

我們甚至可以說，親子關係因為智慧型手機而變好的瞬間，就只有首次購買這台設備之際。當父母看到孩子時刻不離手機的樣子，開始碎碎念和介入，關係就會因此產生裂痕；所以等到孩子能適當進行調節、好好使用智慧型手機時，再幫孩子買手機也不遲。我認為這個時機至少要到五年級後，但每個家庭都有不同的想法，所以只要與孩子彼此商量好再做決定就可以了。

然而，無論在哪個時機購買，父母都必須與孩子共同制定使用規則，並且事先約定好按照規則來使用。一天的使用時間、睡覺前兩個小時不可以使用、上廁所時不要帶手機等等，只要親子彼此協調，制定好規則，以及講好違反規則時的「懲罰」，就可以降低雙方由於智慧型手機而漸行漸遠的可能。而且，這個方法會成為最低限度的措施，讓父母確實掌握主導權，管制孩子手機的使用。

不過一旦制定了規則，家庭裡的所有人都應該遵守，如果父母自己不願意調整，一味強迫孩子遵守規則與限制，孩子只會感到越來越不滿，無法輕易接受。所以父母必須承諾自己也會遵守這套規則。當然，父母可能也有不得已的情況，這點要事先與孩子協調好。

父母頻繁的限制與碎碎念，只會導致親子關係惡化。如果父母帶頭做好榜樣，與孩子一起行動，孩子就願意欣然遵守家庭內的規則，也不會產生太大的抗拒。

「媽媽也曾經這樣過，當時媽媽……」

父母最好可以經常講述自己的經歷給孩子聽，當孩子向我吐露煩惱，或者坦承自己遭遇困難時，我時常對他們這麼說：

「媽媽也曾經這樣過，當時媽媽有試著透過這種方式來解決……」

這份告白除了可以引發孩子的共鳴，因為是媽媽的經驗談，所以能為孩子帶來更深的感觸。當孩子把難以解決的問題放在心裡，一個人感到痛苦時，只要聽到媽媽也經歷過相同的困境，以及媽媽解決這個問題的方法，孩子就能憑藉雖然微小但充實的勇氣，重新站起來。

當父母一邊控制孩子，一邊頻繁介入時，他們可能會感到不舒服，覺得很難與父母達成溝通，但聽到父母也經歷過相同遭遇的告白後，孩子通常會願意敞開心扉，認為媽媽說的話不是在碎碎念，而是飽含真心的經驗談。

「啊～原來不是只有我這樣，媽媽也有過這種經驗。既然媽媽都說沒問題了，我也不會有事的。」

只要孩子像這樣生出勇氣，溝通的大門就會敞開，孩子的自我調節能力與同理心也會獲得成長。

Chapter 6

青春期的孩子也需要社會性的訓練

孩子們在成長過程中會經歷好幾次的變化，但只要與父母形成依戀關係、接受正確的管教，好好建立社會性，學習自我調節能力，即使中途稍微停下來，或者搖擺不定，也有能力找到原來的路，回到屬於自己的位置。

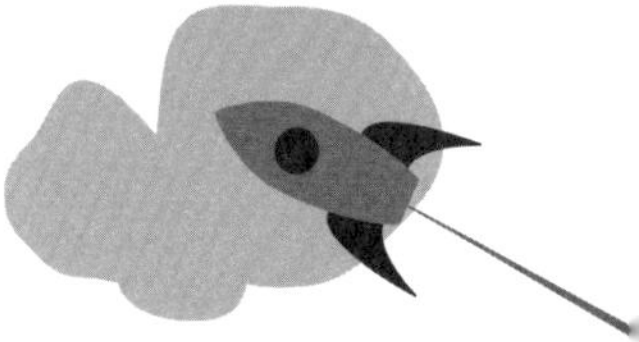

與孩子溝通良好，其實是種錯覺

在沒有與父母形成依戀關係的狀態下成長，孩子進入青春期時，就會明顯地表現出真實面貌，讓問題漸漸浮上檯面。

青春期的衝突，可能源自於長期缺乏依戀關係

有的孩子在成長過程中看起來沒有任何問題，但進入十幾歲以後，就開始與父母發生衝突。換句話說，孩子長期以來都未與父母形成良好的依戀關係，等到後來進入了高年級或國高中，孩子開始反抗父母，導致關係破裂，父母才意識到問題，但此時要挽回既成定局的關係已然太遲了。

之所以會出現這種情況，主要是因為孩子在青春期前一直勉強自己配合

父母，但父母卻對此事渾然不知。其實孩子打從一開始就沒有與父母達成溝通，但父母卻誤以為已經溝通了，導致面對這段關係的心情截然不同，所以孩子的內心在成長過程中一直處於生鏽與腐化的狀態，這點往往會成為親子之間的一大障礙。

然而，我們沒有必要擔心得太早，如果父母意識到依戀關係的不足，只要重新累積就可以了。萬一親子沒有形成良好的依戀關係，無論年齡大小，都必須填補依戀缺失的部分。

當孩子發生改變時，父母要先自我反省

如果孩子在沒有與父母形成依戀關係的狀態下成長，進入青春期時，就會明顯地表現出真實面貌，問題會漸漸浮上檯面，比如說孩子小時候原本很聽話，表現得很乖，卻開始變得愛唱反調，不肯聽話……如果發生這樣的情形，就表示孩子以前可能不是發自內心按照父母的意思行動，只是因

為唯有乖乖聽父母的話，才能得到自己想要的東西，所以假裝聽從父母的意願。

父母誤以為「孩子原本很聽話，只是到了青春期突然就變了」，所以往往會把孩子的變化歸咎於青春期——然而，這其實並不是孩子的變化，只是間接證明了孩子在此之前根本未與父母達成良好的溝通。

正因為如此，在這個時期，孩子往往傾向於選擇朋友，而不是父母；但孩子孤獨的心還是無法獲得滿足，因為根本的原因在於親子沒有建立正確的關係。

如果孩子平時與父母的溝通良好，在進入青春期後，如果溝通時間縮短，溝通方式也發生了變化，很有可能是因為孩子的自尊心變強了。即使溝通方式不同，親子圓滿的關係也不會發生任何改變。

然而，如果孩子產生了一百八十度的大轉變，表現出完全不願意溝通的樣子，我們就必須認知到，負面情緒在這段時間裡已佔領了孩子的內心，並隨著孩子自我認同感的形成，逐一顯現問題。

因此，如果孩子到了青春期就變了一個人，表現出一百八十度的大轉變，甚至讓人懷疑他到底是不是自己認識的那個孩子……在責備孩子之前，父母必須先思考「啊，原來我沒有好好和孩子建立關係」——我們第一件要做的事情，是反省。

如果想要挽回錯過的心，要先承受它的重量

如果親子關係產生了裂痕，未能形成良好的依戀關係，到了高年級以後，父母就得要承受其重量，直到孩子的心結解開為止。因為在孩子的心裡，父母的形象是獨裁的模樣，所以難以溝通。

即使父母開始反省自身的行為，選擇敞開心扉與孩子接觸，孩子也很難接受父母突然改變的行為和言語，此時我們應該要耐心等待，直到孩子真正敞開心房。不是只有「不尊重孩子」或「強迫孩子學習」等亂發脾氣、

發號施令的行為，才是父母不該有的表現，一邊用笑臉假裝包容孩子的內心，一邊悄悄引導孩子朝著自己希望的方向走，也同樣糟糕。當孩子看到父母這樣的模樣，可能會感受到壓力，很難說出自己內心真正的想法，此時的孩子無論是不是十幾歲，都很難向父母表現出無條件的信任與依賴。

每個人都有屬於自己的「黃金時間」，父母在反省自身的行為，並且有所發現時，就是真正的黃金時間。此時與其一味責備孩子的行為，不如一邊回頭檢視父母自己對孩子造成傷害的過程，一邊給予孩子的行為多一點等待，雖然這段時間可能比想像中還長，但只要我們以真誠的態度等待，就算需要花一點時間，孩子也會願意重新與有所不足的父母建立依戀關係。

保持耐心，等待孩子的傷口癒合

長久以來，孩子為了達成父母期望的人生而持續忍耐，直到最後才一口氣爆發出來，所以父母應該給孩子一點時間。看到父母陌生的樣子，孩子可能會感到很驚訝，甚至嗤之以鼻地說「你怎麼突然這樣？」，但是真誠的態度必定能打動人心，所以不管孩子有沒有回應，就讓我們每天用一貫的態度耐心等待吧！不可以因為孩子沒有回應就亂發脾氣，這樣子不是在賦予孩子信任，只是在向孩子證明「媽媽、爸爸就是這個樣子」這份不信任罷了。

即使需要花一點時間，我們也要保持耐心，等到孩子明白這份真誠為止。現在孩子所表現出來的樣子，我們不妨視為是幼時未形成依戀關係、在不信任感下成長的孩子，對於那段活得既痛苦、煎熬的時光所發的牢騷。孩子們的心扉雖然不容易開啟，但總有一天會打開的，現在也還不嫌晚，就讓我們展現信任與依賴給孩子看吧！

我們必須牢牢記住，世界上能夠給予孩子信任的不是別人，正是父母。

十幾歲的孩子也會想確認父母的心意

如果父母承認自己與孩子沒有形成良好的關係，也為了孩子保持耐心等待，但孩子還是緊緊鎖著心扉，持續把父母推開，父母有時會陷入混亂，並對孩子的態度產生很大的疑惑。

「因為我包容了他的一切，所以他好像越來越不守規矩了。」

「我真的有需要做到這種地步嗎？」

如果父母產生這樣的疑問，此時更需要好好地重新下定決心。孩子現在並不是越來越不守規矩，他們表現出來的反抗只是為了確認父母的心意。因為看到父母突然改變態度，所以為了再次確認父母的誠心，孩子可能會表現得比平常更不守規矩，或者多折磨父母一點。

「過不了多久大概就會放棄了吧？」、「媽媽、爸爸會包容我到什麼時候呢？」、「雖然今天這樣說，但過了幾天，講的會不會又是另外一套呢？」……等等，孩子的心裡充滿了混亂，既有懷疑與不信任，也有小小的期待與安心。

無論孩子的內心怎麼想，只要父母自始至終表現出一貫的態度，孩子就會有所改變，慢慢敞開心扉朝父母靠近。如果我們想與長大的孩子重新形成依戀關係，就必須經過這段測試的過程，就算在孩子充分「檢驗」父母之前會有點辛苦，這條隧道也是必經之路。如果想挽回崩塌的依戀關係，或建立打從一開始就沒有存在過的依戀關係，我們只能等待孩子接納父母的心意。因為依戀關係必須透過信任與依賴而建立，沒有那麼容易形成。

如果這份心意無法順利在孩子身上扎根，孩子就很難培養擴張人際地圖的力量，因為依賴、信任與依戀是關係中最基本的情緒。對十幾歲的兒童來說，最重要的還是與父母形成良好的依戀關係。

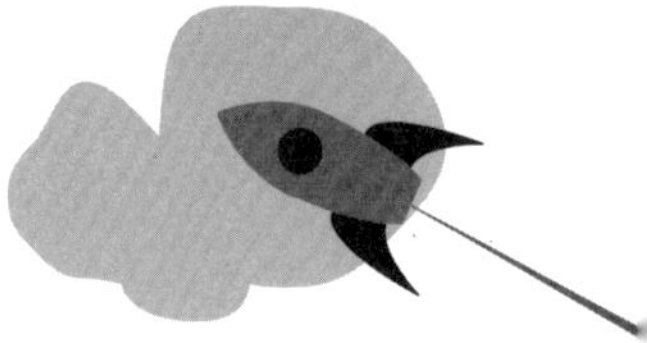

衝突，要讓孩子自行解決

在遭遇衝突時，也是在學習與人的相處之道。就算孩子在人際關係上出現摩擦，克服這種衝突的經驗，可以為孩子開拓更為寬廣的關係打下良好的基礎。

父母的介入是「必敗」的

缺乏社會性的孩子在各方面都會產生困難，尤其是到了十幾歲以後，人際關係越來越重要，問題就會頻繁出現。此時若父母貿然介入，不僅會破壞親子關係，甚至會破壞孩子與朋友的關係。無論是人際關係，或是學業、校園生活，父母的介入都是必敗的。

我們不能代替孩子與朋友建立關係，父母的介入往往無法幫助孩子解決人際關係問題，反而帶來更大的負擔。

舉例來說，有些父母會一個個檢查孩子加入的「聊天群組」，閱讀對話，介入他們的校園生活。父母這樣的行為等於是在孤立孩子，因為「聊天群組」是屬於孩子溝通的私密空間，如果未經孩子的允許隨意侵犯這個空間，監視兒女的一舉一動，孩子會怎麼樣呢？

有的父母可能會說「你怎麼連一句話也說不出來？」、「這個孩子跟表面不一樣，很會罵髒話耶！」，甚至會評論孩子與他的朋友……如果做到這種地步，那麼就得做好孩子可能會翻臉、斷絕關係的覺悟。除此之外，若孩子反覆咀嚼父母說的話，就會冒出「我真的是什麼話都不會說的傻子嗎？」、「原來連我媽媽都這樣想」等想法，導致自尊心越來越低，也會表現得越見怯懦。

父母的檢查是沒有必要的，開口責備也是傷害孩子、破壞關係的行為；對於侵入私密領域、進行檢查的父母，孩子會失去原有的信任與依賴，漸漸對父母產生距離感。在看到媽媽出面試圖解決一切的模樣時，孩子往往很難輕易吐露心裡話，因為孩子的眼前會描繪出當自己說出這些話時，媽媽驚慌失措和藉此大作文章的景象。

在審視孩子時，不可以只看一個面向來給予評價，無論面對什麼樣的孩子，我們都不應該太快下結論，先入為主地認定「他就是這個樣子」。有些父母可能覺得某個同儕很會讀書，或者學業成績很優秀，就特意要求孩子多跟他親近，但父母這樣的想法其實是錯誤的，不可以用自己的標準來評價其他孩子，小孩跟誰玩、不跟誰玩，這些事情是媽媽管不著的。

父母可以提出幾種方法，讓孩子解決自己面臨的問題，但無論是出於什麼樣的原因，父母都不應透過「直接介入」來解決問題。除非是嚴重的校園暴力或霸凌案之類需要父母協助的事件，否則我們該給予孩子信任與等待，看著他們自己解決問題。在遭遇衝突的同時，可以學習與人的相處之道，就算孩子在人際關係上出現摩擦，在校園生活遭遇一些困境，養育者的職責就是陪在孩子身邊，守護他們培養戰勝困境的力量；克服這種衝突的經驗，可以為孩子開拓更為寬廣的關係打下良好的基礎。

孩子正在成長，也可以持續成長

如果孩子與同儕處得不好，父母可能會感到很心疼，但不能因此出面代替孩子解決問題。我們可以衡量孩子受傷的心情，把注意力放在如何幫助孩子啟動幸福迴路，避免持續感到痛苦，並阻止當時的記憶化為創傷，殘留在孩子心中。

以我為例，當我家老大因為人際關係而煩惱時，我會認真關心孩子，避免孩子受到二度傷害。因為我也經歷過類似的事情，所以首要任務就是把我與孩子的心都變得更堅強。

首先，我會想到自己的經驗，接著回想起當時受傷的我渴望聽到的話語，再把這些話告訴我家老大：

「現在不一定要有好朋友也沒關係」、「朋友在學校能交到，在補習班也可以交到，沒有人規定要在哪裡交朋友」、「媽媽也花了很多時間才遇見真正的好朋友」、「不要因為執意想交到朋友而委屈自己受傷，在這段休息的時間裡，你也可以做一些讓自己覺得幸福、快樂的事情」。

孩子跟同儕難以融洽相處，身為媽媽當然覺得很心疼，但這是我回頭檢視年幼的自己時，所能做到最好的方法。接著我會對孩子說：「如果有朋友想跟你在一起，我希望你隨時都可以抱著愉快心情跟他相處。」這是希望孩子不要因為這件事情而關上心扉所說的一句話。

孩子的人際關係並不是父母可代為解決的問題，只能交給孩子自己解決。雖然需要一點時間，但只要為孩子提示足以在這段時間裡撐下去的對策，相信孩子也可以獲得勇氣，培養克服困境的力量。

孩子的社會性時時刻刻都在成長，只要與父母形成良好的關係，覺得有人相信自己，孩子就能鼓起勇氣戰勝這番困境——他們只是需要一點時間而已。

寵物也可以和孩子成為眞正的朋友

寵物可以為孤獨的孩子帶來很大的幫助，如果因為沒有朋友而讓孩子感到難受的話，我們不妨試著讓孩子養寵物。尤其是可能較缺乏社會性的獨生子女，若是有寵物可照顧、陪伴，對培養責任感也會產生幫助。雖然不能代替孩子承受痛苦與不安，但我們可以為孩子創造一個能同理情緒、賦予力量的朋友。

孩子在飼養寵物時會感受到愛，在餵寵物吃飯、帶散步的過程中，則會產生責任感與連帶意識。此外，與寵物培養感情時在精神上得到的支持，有助於情緒發展，孩子會向寵物傾訴對他人難以啟齒的心裡話，減輕心理負擔。

如果決定要養寵物，父母就應該一一告知孩子需要注意的地方，養育和負責一條生命，心態絕對不可以隨便。

孩子要承諾定期帶寵物去散步、洗澡、在寵物生病時照顧牠、帶牠去醫院健康檢查等，而且要把零用錢存下來，購買寵物需要的零食。遵守這些承諾，學習為其他生命做出讓步、關懷與犧牲也是很重要的一課。我們必須讓孩子明白，千萬不可以出於隨便的心態飼養寵物，等到不想要了又任意丟棄，這是不被允許的。

青少年缺乏社會性的解決方案

只是一味聽從父母的話，其實是顯示孩子無法對別人好好表達自己意願的證據；這個孩子恐怕很可能成為一個除了父母以外，對朋友也無條件服從的孩子。

教導孩子符合情境、彼此尊重的對話方式

我們有時會看到孩子明明升上了高年級，卻仍做出不符合年齡的行為，或講話無視場合，比如說一個人在大人的聚會上大聲喧嘩、玩遊戲，或在朋友相聚時大發牢騷等等。

當孩子出現這種行為時，家長應該告訴孩子符合情境、能適當溝通的對話方式；這點需要平時訓練，只要決定單一主題、進行對話，就可以產生

幫助。除此之外，我們也要教導孩子在符合情境的對話中，應該如何與其他人進行正確的溝通。萬一發言內容不符合主題，其他人可能會覺得自家孩子說的話很無聊，若只有孩子一個人講得很開心，這就不是溝通的正確方式。

舉例來說，當幾個孩子聚在一起、討論各自喜歡的偶像團體時，其中一個孩子卻只顧著聊自己喜歡的團體、主張自己喜歡的偶像是最棒的，一聽到其他朋友喜歡的團體，就表現出無視或漠不關心的態度。這樣自說自話的行為，其他孩子當然會感到不快。

如果孩子使用了這樣的對話方式，父母就應該明確地告知，每個人都有自己的喜好，不可以只顧著推銷自己喜歡的事物：「就像自己的喜好需要獲得別人的尊重一樣，我們也應該尊重別人的喜好。」讓孩子明白要避免重複這種單方面的對話，同時也要指出一個人獨佔發言時間的問題。

一句小小的話語和態度，可能就會導致孩子陷入困境。顧著講自己想講的、不懂得察顏觀色、只考慮到自己的心情，這些都是以自我為中心的心態。大家通常都不願意和一個只會自說自話、把氣氛搞砸的人聊天。就算與自己的想法不同，也不代表就是錯誤或不正確的。我們應該清楚認知到，適當的發言內容、尊重對方，以及對別人的想法給予肯定與接納的態度，這些不只是對話的技巧，也會成為社會性的要訣。

比賽，就只是比賽而已

在進行小組對抗競賽時，有些孩子會因為沒有謹守適當界線而犯錯，這種忘記運動家精神和公平競技精神的態度，連同伴也看得直搖頭，所以我們一定要教導、矯正這樣的行為。

有時候，有些小孩因為體弱多病或缺乏運動神經，所以常常無法順利參與孩子間的比賽，此時我們要教導孩子，就算朋友不能參加比賽，也要為他們著想，創造出大家都能共同發揮作用的角色。如果孩子看到不會運動的人，就不願意讓對方加入自己的陣營，我們可以嚴肅地解釋給孩子聽，讓他們明白比賽的目的。我們應該告訴孩子，即使是表現得不太好的朋友，也要與對方和睦相處，一起享受比賽，這才是競技的真諦。

如果有孩子因為過強的求勝欲而跨越了界線，即使不是自己的孩子，身為大人也應該站出來，點明孩子的行為，讓他們遵守比賽的規則。此外，我們也要告訴孩子，體育競賽的目的是與朋友在同心協力的過程中培養合作精神，而不是為了勝利而進行不擇手段的競爭。

即使如此，比賽還是有勝負之分。為了獲勝當然要全力以赴，但也要強調不要講失誤隊友壞話的重要性。我們必須教導孩子何謂運動家精神，如果贏了比賽，在感到高興的同時，也不要忘了為對方著想；即使輸掉比賽，也不要吝於讚美對方的隊伍。

「恭喜你贏了」、「下次我們要更努力，讓我們也可以獲勝」，如果無論勝敗都可以這樣子說的話，相信這場比賽將會成為美好的回憶長存心中。

當孩子輸掉比賽時，如果能真心承認敗北，並向對方道賀，就會成為幫助孩子承認失敗和重新站起來的原動力。

正確拒絕的方法

當孩子與他人建立關係時，我們必須告訴他們正確表達拒絕的方法；除了同儕以外，也要培養敢於拒絕父母的勇氣。當孩子因為沒有意願而拒絕時，有很多父母會覺得這是在頂嘴，但當孩子產生敢於拒絕父母的勇氣時，就代表孩子已建立了基本的拒絕心理。

孩子會因為畏懼父母，所以不敢跟父母開口嗎？這不是正確教導孩子拒絕的溝通方式，有的父母會炫耀孩子無條件聽從教導，但若孩子沒有自己的想法，只是一味聽從父母的話，那真的是一件好事嗎？這是顯示孩子無法對別人好好表達自己意願的證據；這個孩子恐怕很可能成為一個除了父母以外，對朋友也無條件服從的孩子。

韓國有句諺語叫做「跟著朋友去江南」[7]，換個角度來思考這句話，這其實是父母的錯。因為孩子在年幼時沒能好好跟父母表達拒絕的想法，導致長大後也不懂得怎麼拒絕其他人。

如果孩子表達了拒絕的想法，父母就應該聽聽看理由，再進行判斷。千萬不可以不好好聽孩子的話，只把焦點單純放在孩子拒絕一事上。當孩子表示拒絕時，不要認為是因為孩子沒有規矩或反抗心理太強，反而應該覺得「原來孩子與我的關係維持得很好」。

如果孩子沒有與父母形成良好的關係，就不可能好好表達自己的想法，因為他們認為父母不可能會接受，所以會堅持把心裡話給藏起來，不想表達出來。面對孩子的拒絕，父母只要欣然接受就好；不過，我們應該告訴孩子，他們的表達方式是否恰當。

只要孩子能表達出「對不起，我覺得我做不到」、「不好意思，我可能沒辦法」就好了。如果孩子在成長過程中，學會根據自身情緒好好拒絕，在未來就可以正確表達自己的意願，又不會讓對方感到不愉快。孩子們在成長過程中會經歷好幾次的變化，但只要與父母形成依戀關係、接受正確的管教，好好建立社會性，學習自我調節能力，即使中途稍微停下來，或者搖擺不定，也有能力找到原來的路，回到屬於自己的位置。

7 意指人云亦云，隨波逐流，就算是自己本來不想做的事情，也盲目地跟著別人去做，缺乏自己的主見。

結語

以屬於自己的速度，慢慢學習就好

在結束寫作後，我重新以一名語言治療師的身分，在現場與孩子們及父母會面。在為了成為自己期待、嚮往的專家而學習的過程中，我最重視的就是擁有屬於自己的哲學，因此，我今天也想慢慢地以屬於自己的速度前進。

我認為人生的速度各不相同，這點十分重要，只要慢慢地前進，不要停下來，目標就會獲得實現。在活著的過程中，我親身體悟、認知到父母的影響力有多大，我想好好學習與掌握，以一名職業父母與專家的身分，開創屬於自己的道路。

在二〇二〇年，新型冠狀病毒幾乎摧毀了我們的社會，為了找回孩子因此陷入沉睡的社會性，接下來幾年對所有人來說，都是一段艱難的歲月，因此我衷心為所有養育者與孩子們加油。父母正面的力量，是一條結實又獨一無二的紐帶，足以引導孩子朝著正向的人生方向前進；雖然可能會繞個一圈再回來，但最後還是能夠順利抵達的。

把貝玲妃（Benefit）打造成世界級化妝品公司的創辦人兼執行長簡・福特（Jean Ford）曾這麼說過：

「我絕對不說『No』，只要在『No』後面多加一個『w』，就會變成『Now』。在被交代某件事情時，與其說『No』，不如說『Now』，接著付諸行動——如此一來，要取得成果肯定也是遲早的事。」

「現在」這個瞬間，就是我們最寶貴的禮物，在後悔和自責之前，我們大可以直接從現在開始。就讓我們每個人對自己，也對孩子這麼說吧：

「沒關係，沒關係，沒關係。只要慢慢來，不要停下腳步，以各自的速度前進就好。」

參考文獻

★金秀妍《從〇歲開始的情緒調節管教法》（0세부터 시작하는 감정조절 훈육법，暫譯），澆水的孩子出版社，二〇一八

★學習技能研究會 編，多田孝志、石田好廣 監修《插畫版 孩子的對話力：巧妙傳達想法的四十三個對話訓練》（暫譯，イラスト版子どもの対話力—上手に意思を伝える43の対話トレーニング），合同出版，二〇一二

★郭錦珠《發展心理學》（발달심리학，暫譯），學誌社，二〇一八

★郭永承、柳雲尚《有毒性的父母，有藥效的父母》（독이 되는 부모 약이 되는 부모，暫譯），分享想法的樹木出版社，二〇二〇

★申芝燕《兩歲嬰兒對母親與幼兒園老師的多重依戀與社會、情緒性行為》（2세 영아의 어머니와 보육교사에 대한 복합 애착과 사회·정서적 행동，暫譯），首爾女子大學兒童學系博士學位論文，二〇〇四

★申後男、黃河靜、裴賢珠《語言障礙兒童情緒表達指導計畫》（언어장애 아동을 위한 감정표현 지도 프로그램，暫譯），Sigma Press 出版社，二〇一三

★李時炯《身為父母，就從自我調節能力開始》（부모라면 자기조절력부터，暫

譯），知識 Plus 出版社，二〇一六
★李英敏《父母與孩子共同成長的社會性課程》（부모가 함께 자라는 아이의 사회성 수업，暫譯），Pampas 出版社，
★李英愛《孩子的社會性》（아이의 사회성，暫譯），知識 Plus 出版社，二〇一八
★李英愛《李英愛教你讀懂自己孩子的心》（이영애의 우리 아이 마음 읽기，暫譯），EBS 幼兒學校，二〇一七
★李林淑《溫暖而堅強的管教》（따뜻하고 단단한 훈육，暫譯），Casiopea 出版社，二〇一七
★李寶妍《〇～五歲依戀育兒的奇蹟》（0-5 세 애착 육아의 기적，暫譯），Wisdom House 出版社，二〇一六
★李寶妍《〇～五歲讓大腦成長茁壯的遊戲育兒》（0～5세 뇌가 쑥쑥 자라는 놀이 육아，暫譯），Wisdom House 出版社，二〇二〇
★李花子《社會性就是一切》（사회성이 모든 것이다，暫譯），Sam & Parkers 出版社，二〇一七
★林美貞《孩子啊，讓我們來嗯嗯吧！》（아가야 응가하자！，暫譯），學誌社，二〇二〇

★林英珠《孩子的社會性是由父母的話語決定的》（아이의 사회성 부모의 말이 결정한다，暫譯），黃色雨傘出版社，二〇一九

★珍．佩珀（Jan Pepper）、伊萊恩．韋茨曼（Elaine Weitzman）《溝通要兩個人才做得到：獻給語言發展遲緩兒童家長的實用指南》（*It Takes Two To Talk : A Practical Guide For Parents of Children With Language Delays*，暫譯），Hanen Centre 出版社，二〇〇四

★威廉．西爾斯（William Sears）、瑪莎．西爾斯（Martha Sears）、伊莉莎白．彭特利（Elizabeth Pantley）《成功的孩子：父母如何幫助孩子變得更好》（*The Successful Child : What Parents Can Do to Help Kids Turn Out Well*），Little, Brown 出版，二〇〇二

★丁玧瓊《毀了自己孩子的危險讚美》（내 아이를 망치는 위험한 칭찬，暫譯），談笑出版社，二〇一二

★池承宰《自我調節能力會決定自己孩子的未來》（자기조절력이 내 아이의 미래를 결정한다，暫譯），winning books 出版社，二〇一八

★陳妍善、金多允、金鐘京、朱恩英、宋燁《與我們的孩子共同分享》（우리 아이와 함께 나누어요，暫譯），學誌社，二〇一八

★查理．昆奇（Le Dr Charly Cungi）《管理壓力的方法》（*Savoir gérer son stress*，暫譯）Retz 出版，二〇〇三

★韓德賢《焦慮不是理所當然的》（불안한 것이 당연합니다，暫譯），Hanbit 出版社，二〇二〇

★喬辛・迪・波沙達（Joachim de Posada）、愛倫・辛格（Ellen Singer）《先別急著吃棉花糖》，方智出版，二〇〇六

★傑拉德・馬霍尼（Gerald Mahoney）、詹姆士・麥當勞（James D. MacDonald）《幼兒的自閉與發展障礙：為家長與專家設計的回應式教學課程》（*Autism and Developmental Delays in Young Children : The Responsive Teaching Curriculum for Parents and Professionals*，暫譯），PRO-ED, Incorporated 出版，二〇〇七

★茱莉亞・摩爾（Julia Moor）《與自閉的孩子玩鬧、大笑和學習：獻給家長與照顧者的遊戲創意實用資源》（*Playing, Laughing and Learning with Children on the Autism Spectrum : A Practical Resource of Play Ideas for Parents and Carers*，暫譯），Jessica Kingsley Publishers 出版，二〇〇七

★派翠西亞・霍林（Patricia Howlin）、西蒙・拜倫—科恩（Simon Baron-Cohen）、茱莉・哈德溫（Julie Hadwin）《自閉兒童也可以學會讀心術：教師與家長的實用指南》（*Teaching Children With Autism to Mind-Read : A Practical Guide for Teachers and Parents*，暫譯），Wiley 出版，一九九八

★主婦之友社 編《一本書讀懂發展障礙兒童的心聲》（発達障害の子どもの心がわかる本，暫譯），主婦之友社，二〇一〇

國家圖書館出版品預行編目資料

語言治療師的兒童溝通課：從對話 × 遊戲培育孩子的表達力、人際關係和社會性發展／玄眞妸（현진아）著；李煥然譯. -- 初版. -- 臺北市：日月文化, 2022.09
304 面；14.7*21 公分. --（高 EQ 父母；90）
譯自：엄마의 소통력 공부
ISBN 978-626-7164-36-5（平裝）
1. 兒童語言發展 2. 溝通 3. 親職教育
528.2　　　111011527

高 EQ 父母 90

語言治療師的兒童溝通課

從對話 × 遊戲培育孩子的表達力、人際關係和社會性發展

엄마의 소통력 공부

作　　者：玄眞妸（현진아）
譯　　者：李煥然
插畫繪製：Carol Yang 楊林
主　　編：俞聖柔
校　　對：俞聖柔、張召儀
封面設計：之一設計／鄭婷之
美術設計：LittleWork 編輯設計室

發 行 人：洪祺祥
副總經理：洪偉傑
副總編輯：謝美玲
法律顧問：建大法律事務所
財務顧問：高威會計師事務所
出　　版：日月文化出版股份有限公司
製　　作：大好書屋
地　　址：台北市信義路三段 151 號 8 樓
電　　話：(02)2708-5509　傳　　真：(02)2708-6157
客服信箱：service@heliopolis.com.tw
網　　址：www.heliopolis.com.tw
郵撥帳號：19716071 日月文化出版股份有限公司

總 經 銷：聯合發行股份有限公司
電　　話：(02)2917-8022　傳　　真：(02)2915-7212
印　　刷：軒承彩色印刷製版股份有限公司
初　　版：2022 年 09 月
定　　價：350 元
I S B N：978-626-7164-36-5

Copyright ©2021 by HYUN JINA
Published by arrangement with RAONASIA CO., LTD.
All rights reserved
Taiwan mandarin translation copyright ©2022 by Heliopolis Culture Group Co., Ltd.
Taiwan mandarin translation rights arranged with RAONASIA CO., LTD.
through M.J. Agency.

◎版權所有．翻印必究
◎本書如有缺頁、破損、裝訂錯誤，請寄回本公司更換

日月文化集團
HELIOPOLIS
CULTURE GROUP
客服專線 02-2708-5509
客服傳真 02-2708-6157
客服信箱 service@heliopolis.com.tw

廣 告 回 函
台灣北區郵政管理局登記證
北台字第 000370 號
免 貼 郵 票

日月文化集團 讀者服務部 收

10658 台北市信義路三段151號8樓

對折黏貼後，即可直接郵寄

日月文化網址：**www.heliopolis.com.tw**

最新消息、活動，請參考 FB 粉絲團

大量訂購，另有折扣優惠，請洽客服中心（詳見本頁上方所示連絡方式）。

大好書屋　寶鼎出版　山岳文化

EZ TALK　EZ Japan　EZ Korea

大好書屋・寶鼎出版・山岳文化・洪圖出版　EZ叢書館　EZKorea　EZTALK　EZJapan

日月文化集團
HELIOPOLIS
CULTURE GROUP

感謝您購買 語言治療師的兒童溝通課

為提供完整服務與快速資訊，請詳細填寫以下資料，傳真至02-2708-6157或免貼郵票寄回，我們將不定期提供您最新資訊及最新優惠。

1. 姓名：＿＿＿＿＿＿＿＿ 性別：□男 □女
2. 生日：＿＿＿年＿＿＿月＿＿＿日 職業：
3. 電話：（請務必填寫一種聯絡方式）
   （日）＿＿＿＿＿＿（夜）＿＿＿＿＿＿（手機）＿＿＿＿＿＿
4. 地址：□□□＿＿＿＿＿＿＿＿
5. 電子信箱：＿＿＿＿＿＿＿＿
6. 您從何處購買此書？□＿＿＿＿＿＿縣/市＿＿＿＿＿＿書店/量販超商
   □＿＿＿＿＿＿網路書店 □書展 □郵購 □其他
7. 您何時購買此書？ 年 月 日
8. 您購買此書的原因：（可複選）
   □對書的主題有興趣 □作者 □出版社 □工作所需 □生活所需
   □資訊豐富 □價格合理（若不合理，您覺得合理價格應為＿＿＿＿＿）
   □封面/版面編排 □其他＿＿＿＿＿＿＿＿
9. 您從何處得知這本書的消息： □書店 □網路／電子報 □量販超商 □報紙
   □雜誌 □廣播 □電視 □他人推薦 □其他
10. 您對本書的評價：（1.非常滿意 2.滿意 3.普通 4.不滿意 5.非常不滿意）
    書名＿＿＿＿ 內容＿＿＿＿ 封面設計＿＿＿＿ 版面編排＿＿＿＿ 文/譯筆＿＿＿＿
11. 您通常以何種方式購書？□書店 □網路 □傳真訂購 □郵政劃撥 □其他
12. 您最喜歡在何處買書？
    □＿＿＿＿＿＿縣/市＿＿＿＿＿＿書店/量販超商 □網路書店
13. 您希望我們未來出版何種主題的書？＿＿＿＿＿＿＿＿
14. 您認為本書還須改進的地方？提供我們的建議？

＿＿＿＿＿＿＿＿＿＿＿＿＿＿＿＿
＿＿＿＿＿＿＿＿＿＿＿＿＿＿＿＿
＿＿＿＿＿＿＿＿＿＿＿＿＿＿＿＿
＿＿＿＿＿＿＿＿＿＿＿＿＿＿＿＿

生命，
因家庭而大好！

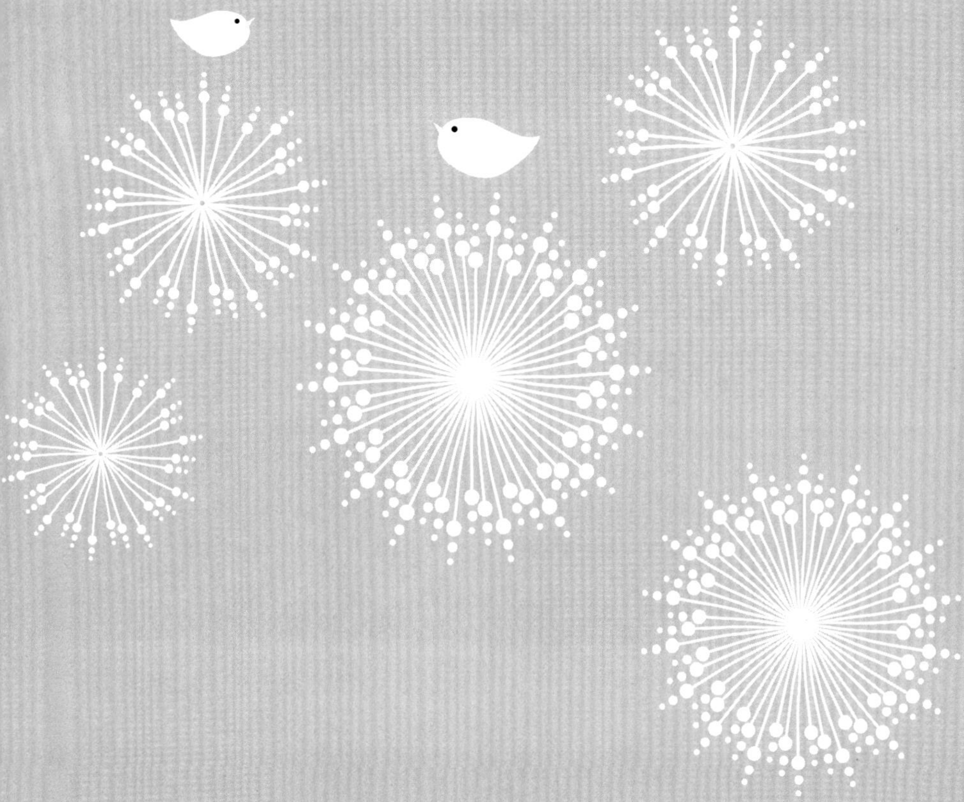